Copyright © 2011, Éditions de L'Homme, division of Groupe Sogides inc. (Montréal, Québec, Canada)
Copyright da tradução © 2013 Alaúde Editorial Ltda.
Título original: *Crudessence – Plus de 180 recettes crues, croquants et craquantes*

 Todos os direitos reservados. Nenhuma parte desta edição pode ser utilizada ou reproduzida – em qualquer meio ou forma, seja mecânico ou eletrônico –, nem apropriada ou estocada em sistema de banco de dados sem a expressa autorização da editora.

O texto deste livro foi fixado conforme o acordo ortográfico vigente no Brasil desde 1º de janeiro de 2009.

Produção editorial: Editora Alaúde
Preparação: Olga Sérvulo
Revisão: Elvira Castañon, Valéria Braga Sanalios
Capa: Rodrigo Frazão

Edição original: Les Éditions de l'Homme
Projeto gráfico: Ann-Sophie Caouette
Fotografia: Mathieu Dupuis
Assistente de produção: Luce Meunier
Infografia: Chantal Landry
Tratamento de imagens: Mélanie Sabourin
Acessórios de mesa e cozinha: Linen Chest, La Maison d'Émilie, Ares

1ª edição, 2013 (1 reimpressão)

Impressão e acabamento: EGB – Editora Gráfica Bernardi Ltda.
Impresso no Brasil

Dados Internacionais de Catalogação na Publicação (CIP)
(Câmara Brasileira do Livro, SP , Brasil)

Côté, David

Essencial: a arte da gastronomia sem fogão / David Côté e Mathieu Gallant; [tradução Eric Heneault].
São Paulo: Alaúde Editorial, 2013.

Título original: Crudessence: plus de 180 recettes crues, croquantes et craquantes.

ISBN 978-85-7881-179-2

1. Alimentos crus 2. Crudivorismo 3. Culinária vegetariana 4. Gastronomia 5. Receitas I. Gallant,

Mathieu. II. Título.

13-01679	CDD-641.5636

Índices para catálogo sistemático:
1. Alimentos crus: Receitas vegetarianas: Culinária 641.5636

2014
Alaúde Editorial Ltda.
Rua Hildebrando Thomaz de Carvalho, 60
São Paulo, SP, 04012-120
Tel.: (11) 5572-9474 e 5579-6757
www.alaude.com.br

DAVID CÔTÉ E MATHIEU GALLANT

Essencial

A ARTE DA GASTRONOMIA SEM FOGÃO

TRADUÇÃO DE
ERIC HENEAULT

Sumário

O SABOR DE NOSSA MISSÃO **7**

O CRU MUNDO AFORA **10**

OS FUNDAMENTOS DA CRUDESSENCE **13**

TÉCNICAS **20**

MATERIAL **23**

RECEITAS BÁSICAS **25**

BEBIDAS **27**

SOPAS **39**

SALADAS **53**

PATÊS **85**

FERMENTAÇÃO **95**

DESIDRATAÇÃO **109**

ENTRADAS **127**

PRATOS PRINCIPAIS **155**

SOBREMESAS **187**

AGRADECIMENTOS **222**

ÍNDICE DAS RECEITAS **223**

O sabor de nossa missão

Este livro se dirige a todos aqueles que:

- GOSTAM DE DESCOBRIR NOVOS SABORES;
- OUSAM SAIR DO LUGAR-COMUM;
- DESEJAM TER VIDA LONGA;
- ESTÃO PRONTOS PARA EXPERIMENTAR MUDANÇAS;
- GOSTARIAM DE COMER MELHOR MAS NÃO SABEM POR ONDE COMEÇAR;
- PROCURAM AS ÚLTIMAS DESCOBERTAS EM TERMOS DE SAÚDE;
- QUEREM FAZER ESCOLHAS MAIS SUSTENTÁVEIS;
- DESEJAM ALCANÇAR ALTOS NÍVEIS DE DESEMPENHO FÍSICO;
- SÃO INTOLERANTES OU NÃO AO GLÚTEN;
- SÃO VEGETARIANOS OU NÃO;
- ESTÃO APRENDENDO A COZINHAR, ADORAM COZINHAR OU NÃO GOSTAM DE COZINHAR.

EM VEZ DE LUTAR CONTRA O NEGATIVO, ESCOLHEMOS ALIMENTAR O POSITIVO E CELEBRAR A VIDA.

FOI ASSIM QUE NASCEU A CRUDESSENCE.

A Crudessence nasceu de um impulso natural: a necessidade que dois amigos sentiram de compartilhar paixões, experiências e um ponto de vista comum. Uma propensão a ir adiante, cada vez mais longe, e ultrapassar os limites confortáveis do conhecido, rumo a uma experiência de vida cada vez mais rica e completa.

Depois de vários anos de viagens e estudos, desejávamos compartilhar nossas experiências e nossa visão de mundo. Apesar de termos feito percursos diferentes, tínhamos a mesma impressão: a de que é possível fazer mais com menos e que o ser humano tem um potencial inacreditável, pronto para ser desenvolvido.

Foi então que decidimos criar um projeto de alimentação saudável, oferecendo às pessoas não apenas produtos e serviços de ótima qualidade, como também a possibilidade de fazer uma experiência: a da alimentação viva. Essa aventura permite, ao explorador que nela ouse se arriscar, experimentar em si as mudanças e sentir rapidamente a força da vida. A experiência fala por si só!

As viagens nos deram certa visão crítica em relação ao mundo em que vivemos, e nossa juventude nos autoriza a ter uma atitude um tanto revolucionária. Assim como muitos de vocês, somos sensíveis ao desrespeito ao meio ambiente, à industrialização da alimentação, à perda de qualidade da saúde, entre tantos problemas atuais.

No entanto, também constatamos o surgimento de um profundo desejo de mudança, assim como de uma sincera busca de soluções viáveis. Isso tornou possível uma verdadeira transição em nosso estilo de vida. Sentimos, assim, a necessidade de participar dessa onda de soluções positivas e oferecer o melhor de nós!

A aventura Crudessence começou humildemente em meados de 2007, como um pequeno serviço de pratos prontos e produção de kombuchá (chá fermentado) (ver p. 100). Uma mistura equilibrada de paixão, intuição, encontros preciosos e trabalho incansável rapidamente transformou nossa ideia em uma empresa bem-sucedida. Hoje, nossa equipe de setenta funcionários é responsável por divulgar nossa alegria de viver entre dois restaurantes e dois pontos de venda de produtos naturais, além de um serviço de bufê para clientes particulares e empresas. A Crudessence também conta com uma loja on-line de alimentos; em cada um dos seus estabelecimentos, há uma escola de culinária, a Académie de l'Alimentation Vivante, com um programa muito elaborado; e, finalmente, uma produtora de kombuchá que distribui bebidas saudáveis no Canadá. Ufa! Que crescimento rápido, é como se a vitalidade da nossa empresa se originasse da vida presente em nossa alimentação! De fato, o combustível que consumimos pode nos frear ou nos impulsionar.

Promessas da alimentação viva

- RETORNO NATURAL À SAÚDE PLENA;
- RÁPIDA REGENERAÇÃO DOS TECIDOS;
- MAIOR CONCENTRAÇÃO MENTAL, CRIATIVIDADE RENOVADA;
- SONO PROFUNDO E REPARADOR;
- PELE MAIS LUMINOSA, BELEZA NATURAL;
- OLHOS VIVOS E ATITUDE POSITIVA;
- PESO SAUDÁVEL, SILHUETA HARMONIOSA;
- GOSTO PELA VIDA E VONTADE DE SUPERAR OS LIMITES;
- NOVA PERSPECTIVA DE VIDA, DE MUDANÇA POSITIVA;
- IMPACTO DIRETO SOBRE A ECONOMIA E A SAÚDE DO MEIO AMBIENTE.

Na verdade, o segmento alimentar impôs-se como um meio privilegiado de passar um recado. Estamos cientes de que a alimentação alcança todos os aspectos da vida: econômico, social e ambiental. Além disso, ela frequentemente influencia nossa maneira de ser. Nossa saúde física e mental, assim como nossa relação intrínseca com o que é vivo, estão diretamente vinculadas a ela. É por esse motivo que a alimentação viva se torna uma maravilhosa ferramenta para mudar o mundo! E é por isso que um ditado paradoxalmente simplista se encaixa perfeitamente nesta situação:

 SOMOS O QUE COMEMOS...

 NOSSO FUTURO DEPENDE DO QUE COMEMOS...

A experiência da alimentação viva nos leva rapidamente à conclusão de que a qualidade dos alimentos consumidos gera qualidade de vida. Faça a experiência! Abasteça seu carro com gasolina não aditivada. Além da poluição e do entupimento do motor, o desempenho será péssimo. Se você usar gasolina aditivada, com alto índice de octanagem, o resultado será surpreendente: menos poluição e um motor limpo, não é?

Ou, ainda, construir sua casa com materiais de segunda, operários pouco qualificados e ferramentas ruins pode sair mais barato, mas a casa logo vai se deteriorar. Por outro lado, se construir sua casa com o que há de melhor, você e sua família poderão aproveitá-la por muito mais tempo!

Hoje aplicamos esse tipo de lógica a seu prato e seu corpo. A alimentação viva é rica em nutrientes, em minerais, em proteínas, em vitaminas, e também contém a própria vida. Tudo o que é necessário para desenvolver e garantir todo o seu potencial!

Interessou-se? Então convidamos você a experimentar!

Mathieu e David

O cru mundo afora

HISTÓRIA DO MOVIMENTO E DE SEUS AGENTES: A VISÃO DA CRUDESSENCE SOBRE A ALIMENTAÇÃO, EM OPOSIÇÃO AO DOGMATISMO HABITUAL

DO CRUDIVORISMO À ALIMENTAÇÃO VIVA

A ideia de ter uma alimentação vegana sem cozimento não data de ontem; de fato, o homem é o único ser na Terra que cozinha seus alimentos. No entanto, a constituição fisiológica do homem certamente é a de um primata. Seu sistema digestório foi concebido para funcionar otimamente com o consumo de frutas, legumes e folhas, algas, oleaginosas e grãos. O sistema digestório dos primatas não é adaptado ao grande consumo de carnes ou cereais, nem, claro, a produtos químicos, transformados ou geneticamente modificados. A lógica indubitavelmente perfeita e incontestável da natureza é nossa mestra, levando-nos a adotá-la em nossas escolhas do dia a dia.

O homem conseguiu sobreviver à Era do Gelo graças à caça, e desenvolveu civilizações sedentárias por meio do cultivo de cereais. Assim, o cozimento se tornou algo muito útil para transformar esses alimentos, destruir as bactérias patógenas e facilitar sua assimilação. Para se adaptar, o homem adequou o meio ambiente, porém seu sistema digestório não se transformou.

Uma vez garantida a sobrevivência, a carne permaneceu, embora não fosse mais vital: até mesmo Pitágoras, famoso matemático da Grécia antiga, fundou uma confraria intelectual em que era imprescindível seguir um regime vegetariano. Hipócrates, um de seus pupilos, hoje considerado o pai da medicina, do qual, diz-se, seguia um regime vegetariano principalmente sem cozimento, um dia afirmou: "Que seu alimento seja o seu medicamento". Essa afirmação continua bem atual!

Os cereais, que têm servido tão bem à humanidade, sendo a base da produção local e garantindo a segurança alimentar, hoje estão sendo reinterpretados. Verduras, sementes germinadas, frutas e legumes são bem mais ricos em nutrientes, mais fáceis de digerir e com maior poder de cura do que os grãos. O número cada vez maior de alergias e intolerâncias, notadamente ao glúten, não é sinal disso? Aqui, não pretendemos eliminar os grãos, mas colocá-los no lugar que melhor lhes convém.

A VISÃO DA CRUDESSENCE SOBRE A ALIMENTAÇÃO VIVA É DIFERENTE DA VISÃO DO MOVIMENTO CHAMADO "CRUDIVORISMO".

Hoje, o regime crudívoro tornou-se um assunto apaixonante. Pode ser visto ao mesmo tempo como uma moda, já que é inovador e mexe com antigas ideias, e também como movimento social sólido, já que é baseado em um raciocínio científico, que responde a uma necessidade e carrega uma mensagem de esperança.

DE FATO, A TENDÊNCIA SE FORTALECE: Várias personalidades o adotaram (Leonardo DiCaprio, Demi Moore, Woody Harrelson, entre outros), exaltando seus benefícios. Centros médicos focados no crudivorismo aparecem no mundo todo, propondo essa alimentação de poder curativo, que registra uma surpreendente porcentagem de curas (com frequência, muito além da medicina tradicional). Também vemos aparecer nas grandes cidades do mundo pequenos oásis verdes. Aos poucos, uma comunidade internacional se desenha, a literatura e os *websites* se multiplicam. É a grande onda da alimentação verde!

Na Califórnia, berço de muitos movimentos revolucionários, a alimentação viva já não é exceção. Em 1990, casas de sucos e restaurantes que servem pratos crus apareceram, convidando os americanos e o mundo a descobrir a chave dessa ciência da saúde natural, cujos grandes princípios listamos a seguir.

NOÇÃO DE PH: O equilíbrio químico do corpo é crucial. As doenças degenerativas se desenvolvem naturalmente em ambiente ácido e estagnado. A vida se emancipa em ambientes alcalinos. Em seu leito de morte, Louis Pasteur disse: "Os micróbios não são nada. O terreno é tudo". Essa simples frase ilustra que, ao equilibrar nosso pH pelo estilo de vida e pela alimentação, é possível evitar a inflamação e a degeneração.

IMPORTÂNCIA DAS ENZIMAS: O cozimento destrói esses agentes construtores da vida, que participam amplamente da digestão e da restauração do nosso corpo. Os alimentos crus, em sua forma perfeita, são repletos de enzimas. Algumas práticas do crudivorismo, como a fermentação e a germinação, procuram multiplicar e conservar esse poder enzimático. Os melhores amigos da digestão são as enzimas!

ABUNDÂNCIA DE NUTRIENTES: O cozimento destrói grande parte dos delicados nutrientes dos alimentos. Vitaminas, fitonutrientes, enzimas, hormônios, água e açúcares complexos são combinados em macromoléculas prejudicadas pelo cozimento.

FONTE COMPLETA DE AMINOÁCIDOS: O paradigma da necessidade de proteínas animais é algo ultrapassado. A medicina dietética atual entende que as proteínas são uma cadeia complexa de aminoácidos, e a alimentação vegana verde e diversificada está repleta deles. As proteínas vegetais contidas nos legumes folhosos, nos brotos e nas leguminosas germinadas são fáceis de digerir, oferecendo assim um melhor rendimento energético. Consumir uma grande variedade de vegetais garante o abastecimento de todos os aminoácidos essenciais para a formação de proteínas complexas.

DESINTOXICAÇÃO: Segundo pesquisas feitas nos Estados Unidos, o corpo de um americano comum acumula metais pesados, produtos químicos e outras moléculas inorgânicas acidificantes. A grande quantidade de fitonutrientes e minerais contida nos alimentos crus ajuda os órgãos excretores (cólon, rins, pele e pulmões) a obter tudo de que precisam para fazer seu trabalho, eliminando as toxinas e proporcionando mais saúde.

MELHOR CIRCULAÇÃO SANGUÍNEA: Graças à grande quantidade de água e clorofila consumidas durante uma refeição crua e a uma porção de calorias menor do que as de uma refeição comum, a digestão precisa de menos sangue, liberando-o para a regeneração e a oxigenação dos músculos e do cérebro.

MULTIPLICAÇÃO DOS NUTRIENTES: Algumas técnicas, como a demolha, a germinação e a fermentação, aumentam o valor nutritivo e a biodisponibilidade dos nutrientes. Multiplicam-se as vitaminas, simplificam-se as gorduras e proteínas.

CLOROFILA COMO FONTE DE VIDA: Esse pigmento é vital no planeta. Transforma a energia solar em açúcares simples, acoplando átomos de carbono e átomos de hidrogênio contidos na água e rejeitando o oxigênio. Nós consumimos esses açúcares, e também o oxigênio, para criar energia dentro das células, rejeitando então o carbono, que será transformado em açúcar e... a magia da vida!

AUMENTO DE ENERGIA: Uma vez bem alimentado, com melhor digestão, pH equilibrado e o corpo desintoxicado e regenerado, nosso aventureiro possui energia de sobra, que fica disponível para que ele possa realizar seus mais loucos sonhos e viver plenamente! O mais complicado não é mudar a alimentação, e sim saber lidar com toda essa energia!

COMER A VIDA, SEGUNDO A CRUDESSENCE

Graças à nossa experiência direta, abraçamos plenamente os princípios do crudivorismo, cujos preceitos aplicamos em nossa cozinha. No entanto, por meio de nossa vivência pessoal e da de milhares de alunos e clientes, temos o prazer de extrapolar essa noção e acrescentar mais uma pecinha ao quebra-cabeça.

 PARA NÓS, O CRUDIVORISMO É UMA DIETA... ENQUANTO A ALIMENTAÇÃO VIVA É UMA ARTE DE VIVER.

UMA ALIMENTAÇÃO ECORRESPONSÁVEL: Se os alimentos crus em nosso prato contribuírem para a deterioração do planeta, podemos chamá-los de vivos? A alimentação viva diz respeito à pegada ecológica, econômica e humana dos alimentos. A nosso ver, uma alimentação biológica, vegana e local gera bem-estar sem vestígios de exploração.

UM ATO POLÍTICO REVOLUCIONÁRIO: O poder que os alimentos têm de mudar o mundo, por meio do direcionamento do poder aquisitivo em prol de empresas responsáveis, é gigantesco. Sustentar a economia local e criar novos vínculos econômicos são fatores essenciais para sair do impasse da globalização. Comer quer dizer escolher, a cada garfada, uma revolução discreta através do prato e do prazer!

TONAR-SE SEU PRÓPRIO NUTRICIONISTA PELA PERCEPÇÃO: A Crudessence convida os indivíduos a "independerem" da ciência da alimentação por meio de experiências diretas. Comer e ouvir o próprio corpo. Perceber os efeitos dos alimentos e compor uma alimentação personalizada conforme essa percepção, e não de acordo com o que os especialistas, a mídia ou os últimos boatos ditaram. A experiência é a chave para a liberdade alimentar. Não há nada mais satisfatório do que acordar de manhã e sentir o que o corpo deseja consumir.

PARTICIPAR DO BEM-ESTAR GLOBAL: Nosso empreendimento é um meio de participar da transição da humanidade rumo a hábitos de vida mais saudáveis. Como comunidade, precisamos urgentemente nos reposicionar por um futuro mais viável e responsável. Com nossos restaurantes, lojas, cursos de culinária e comunidade ativa, comprometemo-nos com o que enxergamos ser um futuro mais harmonioso para todos. A alimentação se torna a desculpa perfeita para esse compromisso!

UMA BUSCA ARTÍSTICA: Para nós, a arte culinária é uma arte maior! Um meio sensual para que nos alimentemos de beleza e prazer. É por esse motivo que temos prazer em tornar a alimentação saudável tão deliciosa e em inspirar as pessoas para que reencontrem o prazer de cozinhar com amor e de compartilhar as refeições. Comer de forma saudável não é somente uma cura, mas também diversão, uma brincadeira na vida da gente!

Em resumo, nossa abordagem culinária não é uma dieta, nem um regime ou um dogma alimentar. Trata-se de uma filosofia, a arte de viver que procura devolver ao indivíduo o poder de recuperar a saúde e a alegria por meio da mudança de perspectiva em relação ao ato, aparentemente banal, de alimentar-se.

Não queremos que você se torne 100% crudívoro e nem acreditamos que isso seja necessário. Aliás, não queremos mudar seus hábitos de um dia para o outro, mas incentivá-lo ao compromisso de pelo menos experimentar. Devagar, seu corpo vai se acostumar e pedir mais!

Acrescentar aos poucos as coisas boas é a nossa única doutrina. O supérfluo vai desaparecer por si só. Uma única dica: esteja pronto a agarrar a vida com os dentes!

Os fundamentos da Crudessence
NOSSOS VALORES ALIMENTARES BÁSICOS

ORGÂNICO

O corpo humano, assim como o meio ambiente, constitui um ecossistema perfeito em busca permanente de equilíbrio. Não há dúvida de que somos os únicos responsáveis pelo equilíbrio de nosso corpo, porém somos coletivamente responsáveis pelo equilíbrio do meio ambiente. Escolher e incentivar a agricultura orgânica para nós representa o respeito e a manutenção dessa preciosa harmonia: a vida.

Obviamente, não queremos ingredientes petrolíferos em nosso prato, nem no de nossos filhos, nem no ar que respiramos ou na água que bebemos. Escolher uma alimentação orgânica é uma ação direta nesse sentido.

Os alimentos tradicionais, carregados de adubo e pesticidas químicos, com frequência expostos à radiação ou geneticamente modificados, são comparados pela indústria agroalimentar, em termos de valor nutricional, aos alimentos orgânicos. No entanto, todos nós sabemos que o que destrói o solo e o meio ambiente mais dia, menos dia acabará fazendo parte de um alimento que prejudicará o ser humano e o ecossistema.

Para nós, um alimento vivo é um alimento que incentivou a vida em seu percurso da semente ao prato, passando pelos trabalhadores e terminando em cada uma das nossas células; 100% orgânico é o ideal, com certeza, mas cada passo nessa direção deve ser comemorado!

LOCAL

Comer de maneira local é um ato muito "vivo". Ao incentivar diretamente os produtores e distribuidores da nossa região, participamos diretamente da criação de um tecido social que beneficia a todos. De fato, os vínculos econômicos locais são os fios de uma rede importante: dar trabalho à nossa comunidade e, ao mesmo tempo, investir no desenvolvimento sustentável da região e do país.

Os alimentos cultivados localmente evitam o transporte a longas distâncias, o desenvolvimento da monocultura internacional e a especulação alimentar. De fato, cada país ou região deveria ter soberania sobre sua alimentação, sem deixar, porém, de enfeitá-la com o exotismo estrangeiro. Assim, os produtos importados se tornam deliciosas exceções e não a base do dia a dia.

Além de tudo, não há nada mais prazeroso do que conhecer pessoalmente o produtor, orgulhoso de seu plantio! Ou do que ter a própria horta, com bandejas para brotos, recipientes para a germinação e a lactofermentação... Este é o caminho da agricultura local.

A Crudessence tem o orgulho de participar de um projeto de jardim nos telhados de Montreal, no Canadá. Sem dúvida, nossos 150 plantios atuais serão tão ricos em hortaliças quanto em experiências!

 NADA CONTRA A GLOBALIZAÇÃO, MAS TUDO A FAVOR DA REGIONALIZAÇÃO.

VEGANO

Hoje, graças à internet e a vários filmes de denúncia, as atrozes condições de vida do gado destinado ao abate não são mais segredo. A carne é alvo de todas as críticas. No entanto, levando em consideração esse quadro, cabe a cada um de nós fazer o balanço do impacto de nosso consumo, para mudar nossos hábitos tão solidamente consolidados.

Veja esta curta lista de impactos:

- DESFLORESTAMENTO PARA PASTO;
- CRUELDADE DOS MATADOUROS;
- UTILIZAÇÃO DE HORMÔNIOS DE CRESCIMENTO;
- REDUÇÃO DA FAUNA MARINHA;
- UTILIZAÇÃO DE RECURSOS (ÁGUA E CEREAIS) PARA ALIMENTAR OS ANIMAIS;
- ALTA CONCENTRAÇÃO DE PESTICIDAS;
- DEGRADAÇÃO DA SAÚDE HUMANA.

Quanto a nós, oferecemos deliciosas soluções. O mundo vegetal está repleto de nutrientes para nossa alimentação. Nossa culinária é completamente desprovida de produtos de origem animal e de seus derivados. E nossas receitas, sem ovos, leite, manteiga, queijos, frutos do mar ou outros, são tão boas que até nos esquecemos de que são veganas.

Uma dica para quem subitamente passa de uma alimentação carnívora para uma alimentação vegana: privilegie hortaliças e frutas frescas e evite o excesso de massas, pães, batatas e frituras... Ao comer alimentos crus, você só vai se beneficiar!

SEM GLÚTEN NEM ALERGÊNICOS

Você já reparou que em pouco tempo o índice de alergias e intolerâncias alimentares aumentou de forma drástica? O glúten, o amendoim, os laticínios, a soja, os pesticidas, os aditivos químicos, os corantes e o açúcar refinado são cada vez mais criticados. Esses ingredientes, tão transformados pela indústria alimentar e consumidos em excesso pela população, talvez estejam nos dando um recado: está na hora de voltar às origens!

ECONOMICAMENTE ENGAJADO

A engrenagem central da economia é a alimentação. A comida regula o mundo! E já que cada um cotidianamente "vota" por meio de suas compras, estamos engajados nesse segmento econômico como revolucionários alimentares. Já que as escolhas da população guiam as tendências da indústria, temos a responsabilidade de apoiar, com nosso poder de compra, as empresas que incentivem o bem comum. Hoje em dia, pagar mais pelo orgânico local é uma ação carregada de sentido, um ato que fala por si. Uma gota d'água inspiradora que participa significativamente da corrente da mudança.

É nosso poder de compra que mantém o produtor, o atacadista e o comerciante e os obriga a respeitar nossos valores. É possível nutrir a vida simplesmente com o poder de nossas escolhas.

O REMÉDIO NO MEU PRATO!

Pois é! Antigamente, alimentação e remédio eram uma coisa só. Hoje em dia, nossos vegetais são modificados para ficarem repletos de água, mais coloridos, mais doces, para se conservarem por mais tempo, resistirem aos herbicidas e serem esteticamente perfeitos. Não foram modificados, infelizmente, para se tornarem mais nutritivos e medicinais.

Nesse aspecto, não podemos competir com o que a natureza preparou para nós. Os superalimentos, as ervas medicinais, as plantas silvestres e as "ervas daninhas" são verdadeiros tesouros de nutrição. Não apenas brotam sem a intervenção do homem, como também são extremamente ricos em nutrientes e compostos químicos benéficos. Costumam ser nutritivos, preventivos e curativos ao mesmo tempo. Afinal de contas, estão na base da farmacopeia.

Não surpreende que todos os povos, em todas as partes do mundo, tenham uma extensa farmacopeia natural, e esse precioso saber tenha sido transmitido de geração em geração. Hoje, cabe a nós preservar e popularizar essa herança.

Assim, neste livro você vai encontrar vários "novos" ingredientes antigos. A sabedoria e os recursos que eles contêm, escondidos com frequência atrás de sabores surpreendentes, serão destacados de forma a manter a saúde sem esquecer os prazeres da mesa!

Sementes, grãos e oleaginosas

SEMENTE DE ABÓBORA
proteína completa e antiparasitária

SEMENTE DE GIRASSOL
rica em vitamina E

LINHAÇA
ômega-3 e facilitador do trânsito intestinal

GERGELIM
muito rico em cálcio

SEMENTE DE CÂNHAMO
contém todos os aminoácidos

AMÊNDOA
rica em cálcio e alcalinizante

NOZ
rica em minerais e em vitamina B_6

CASTANHA-DE-CAJU
suave e polivalente

NOZ-PECÃ
rica em zinco e combate o colesterol

PISTACHE
rico em potássio e cobre

CASTANHA-DO-PARÁ
preserva a floresta Amazônica e contém selênio

MACADÂMIA
contém excelentes ácidos graxos

QUINOA
grão alcalinizante muito proteico

CHIA
gelificante nutritiva campeã em ômega-3

TRIGO-SARRACENO
proteína completa fácil de germinar

Essencial INGREDIENTES

Os adoçantes

COCO
possui eletrólitos naturais

MANTEIGA DE COCO
flocos de coco em purê; perfeito para as sobremesas

CRANBERRY
limpa o sistema urinário e é antioxidante

LEITE DE COCO EM PÓ
textura suave

COCO RALADO
fibras e boas gorduras saturadas, polivalentes na cozinha

MIRTILO
antioxidante

ÓLEO DE COCO
nutritivo, antibacteriano, facilmente metabolizado

XAROPE DE BORDO
rico em minerais

FIGO
rico em vitamina B_5 e em potássio

XAROPE DE AGAVE
seiva de cacto composta de frutose e inulina

DAMASCO
rico em betacaroteno

TÂMARA
adoçante versátil e saboroso

ESTÉVIA LÍQUIDA
extrato concentrado de estévia

ESTÉVIA
edulcorante sem glicose

Os superalimentos

AMÊNDOA DE CACAU
sementes inteiras cruas de cacau, ricas em magnésio

BAGA DE GOJI
muito rica em vitamina C e antioxidante

MANTEIGA DE CACAU
rica em vitamina E e excelente para a pele

CACAU EM PÓ
antioxidante número 1 e estimulante

FÍSALIS
flavonoides, pectina e vitamina A

AMORA-BRANCA
contém resveratrol e ferro

MATCHÁ
variedade de chá verde em pó, potente antioxidante e energizante

ESPIRULINA
microalga rica em proteína e clorofila

PÓLEN DE ABELHAS
40% de proteínas, alimento completo

CLORELA
microalga que contém nutrientes semelhantes à vitamina B_{12} e minerais

ALFARROBA
usada para equilibrar a glicemia

MACA
raiz peruana eficaz na reposição hormonal e afrodisíaca

LÚCUMA
probiótico polissacarídeo e espessante

Os desconhecidos

SHOYU PROBIÓTICO CRU
também conhecido como nama shoyu

ALGAS
ricas em minerais e em clorofila, excelentes para a glândula tireoide

UMEBOSHI
pasta de ameixa salgada, probiótica

MISSÔ
soja fermentada com o fungo *aspergillus oryzae*

NORI

MOLHO TAMARI (SEM TRIGO)
molho de soja sem glúten

REISHI
cogumelo medicinal, tônico para o sistema imunológico

GINSENG
tônico para o sistema nervoso

WAKAMÊ

SHOYU SEM FERMENTAÇÃO
também conhecido como shoyu macrobiótico

PSÍLIO
fibra insolúvel espessante

ARAMÊ

ÁGAR-ÁGAR
gelificante rico em cálcio

LECITINA DE SOJA
emulsificante

LETICINA DE GIRASSOL
emulsificante sem soja

ALGA PARDA

Técnicas

DEMOLHA E GERMINAÇÃO

A maior parte das sementes e das oleaginosas usadas em nossas receitas é previamente deixada de molho para iniciar o processo de germinação. A água, princípio-chave da vida, dá à semente a ilusão de que está chovendo, levando-a a começar a crescer para se tornar uma planta. Assim, é possível cultivá-las durante o ano todo, sobre o balcão da cozinha, e tirar proveito disso.

Benefícios da germinação:

- ELIMINAÇÃO DOS INIBIDORES DE ENZIMAS NATURALMENTE CONTIDOS NAS SEMENTES;
- SIMPLIFICAÇÃO DAS PROTEÍNAS EM AMINOÁCIDOS E DAS GORDURAS EM ÁCIDOS GRAXOS;
- HIDRATAÇÃO DO ALIMENTO PARA FACILITAR A DIGESTÃO;
- MULTIPLICAÇÃO DAS VITAMINAS;
- AUMENTO DA BIODISPONIBILIDADE DOS NUTRIENTES;
- DIMINUIÇÃO DAS NECESSIDADES ENZIMÁTICAS DO PÂNCREAS;
- ECONOMIA ORÇAMENTÁRIA CONSIDERÁVEL;
- PRODUÇÃO DE CLOROFILA.

O SONHO DE TODAS AS SEMENTES E OLEAGINOSAS

A demolha representa a primeira parte da germinação, isto é, a ativação das enzimas e o início do processo de simplificação. Este demora de 20 minutos a 12 horas, conforme o tipo de semente. A germinação, por sua vez, leva de 24 horas até vários dias, e transforma a semente em um alimento de fácil digestão e extremamente rico em minerais e nutrientes.

GERMINAÇÃO EM VIDRO

UTENSÍLIOS

RECIPIENTE DE VIDRO (POTE DE GELEIA)

FILTRO (PEDAÇO DE TELA FINA OU DE MUSSELINA)

ELÁSTICO

Coloque as sementes no fundo do vidro. Se forem sementes pequenas (alfafa, trevo, rabanete etc.), utilize 1 colher (sopa) para um vidro de 250 ml (1 xícara). Para sementes maiores (lentilha, feijão-azuqui, trigo-sarraceno etc.), utilize 80 ml ($^1/_5$ de xícara) para um vidro de 250 ml (1 xícara).

Com um elástico, prenda o filtro na abertura do vidro e enxágue as sementes na água morna para retirar toda a poeira.

Encha o vidro com água filtrada e deixe as sementes de molho pelo menos por 8 horas ou o tempo adequado (veja o quadro de demolha e de germinação ao lado).

Em seguida, descarte a água, enxágue e coloque o vidro sobre um escorredor de louça, com a abertura para baixo.

Enxágue 2 ou 3 vezes por dia, deixe escorrer a água e coloque o vidro de volta no escorredor de louça. As germinações precisam respirar. Deixe germinar o tempo necessário, conforme o tipo de semente.

Enxágue bem, escorra e saboreie.

Guarde na geladeira por 5-7 dias.

NOTA:

● A ÁGUA PURA É ESSENCIAL PARA O PERÍODO DE DEMOLHA. PARA O ENXÁGUE, PORÉM, UTILIZE ÁGUA DA TORNEIRA.

● A ESCURIDÃO ESTIMULA O CRESCIMENTO DAS GERMINAÇÕES NOS PRIMEIROS DIAS. COLOQUE O VIDRO EM UM ARMÁRIO (DESDE QUE BEM AREJADO) OU SIMPLESMENTE CUBRA-O COM UM PANO.

● APÓS O TERCEIRO DIA, A ALFAFA E O TREVO PODEM SER ENXAGUADOS SÓ UMA VEZ POR DIA, PARA DURAREM MAIS E FICAREM CROCANTES.

BROTAÇÃO NA TERRA

UTENSÍLIOS

RECIPIENTE COM CERCA DE 2 A 3 CM DE PROFUNDIDADE (PRATO DE SOPA, BANDEJA ETC.)

TERRA DE QUALIDADE ORGÂNICA (A IDEAL É COM ADUBO DE MINHOCAS)

BORRIFADOR

SEMENTES ORGÂNICAS COM CASCA: GIRASSOL, TRIGO-SARRACENO, TRIGO, CEVADINHA, AGRIÃO, BRÓCOLIS, CEBOLA, COUVE ETC.

Comece deixando as sementes em vidros por 8 horas ou conforme o período de demolha próprio para cada semente (veja o quadro de demolha e de germinação abaixo). Depois da demolha, escorra a água e enxágue as sementes. Elas estarão prontas para serem plantadas.

Encha um recipiente com terra levemente socada. Borrife a superfície da terra para que fique úmida.

Espalhe as sementes molhadas com um garfo, de maneira que fiquem próximas, mas não sobrepostas.

Cubra com tampa pesada, prato ou bandeja. Mantenha na escuridão por 1-2 dias, o tempo suficiente para que as raízes desçam e os brotos encostem na tampa. Não é preciso regar nesse período.

Retire a tampa, deixe os brotos em plena luz (neon ou sol) e borrife a terra 2 ou 3 vezes por dia, até que eles alcancem o comprimento necessário (veja o quadro de brotação na terra na p. 22).

Retire os tegumentos (parte dura da semente) com a mão, corte com uma tesoura e saboreie.

Os brotos podem ser conservados por 5-7 dias na geladeira.

Quadro de demolha e germinação

VARIEDADE	TEMPO DE DEMOLHA (HORAS)	COMPRIMENTO DO BROTO NA COLHEITA (CM)	TEMPO DE GERMINAÇÃO (DIAS)
ALFAFA	6	2,5 - 4	45
AMARANTO	2	0,5	1-3
ARROZ SELVAGEM	36	-	NÃO GERMINA
AVEIA	12	0,5 -1,5	2-3
CENTEIO	8	0,5-3	2-3
CEVADINHA	12	0,5-1,5	3-4
FEIJÃO-AZUQUI	12	1-2,5	2-3
FEIJÃO-MUNGO	8	1,5-2,5	2-6
FENO-GREGO	8	1,5- 2,5	1-3
GERGELIM SEM CASCA	4	1	-
GRÃO-DE-BICO	24	0,5- 2,5	2-3
KAMUT (TRIGO)	8	0,5- 1,5	1-3
LENTILHA	8	1-2,5	1-3
LENTILHA VERMELHA	1	1	2-4
MILHETE	10	0,5	3-5
OLEAGINOSAS	12	-	NÃO GERMINA
QUINOA	8	0,5-3	Đ -1
SEMENTES DE ABÓBORA	4	-	-
SEMENTES DE GIRASSOL SEM CASCA	4	1	-
TREVO	6	2,5-4	4-5
TRIGO-SARRACENO COM CASCA	0,5	9	5-6
TRIGO-VERMELHO	10	0,5-1,5	1-3
TRITICALE	16	0,5-1,5	2-3

Quadro de brotação na terra

VARIEDADE	TEMPO DE DEMOLHA (HORAS)	COMPRIMENTO DO BROTO NA COLHEITA (CM)	TEMPO DE GERMINAÇÃO (DIAS)
AGRIÃO	8-10	4-5	1,5
ALHO-PORÓ	12	10 -15	3-4
BRÓCOLIS	4-6	4-5	2,5
CENOURA	4-6	8-9	4
COUVE	4-6	4-5	2,5
ERVILHA	8-10	4-5	10
MILHO	8-10	5-6	10
MOSTARDA	0,5-2	3-4	3,5
RABANETE	6 -8	3-4	3,5
SEMENTES DE GIRASSOL SEM CASCA	8-10	8	5 - 6
SEMENTES DE GIRASSOL COM CASCA	8-10	5-6	8
TRIGO	8	5-6	20

LEITE DE OLEAGINOSAS OU SEMENTES

Leite de árvores em vez de leite de vaca? Sim! As nozes, castanhas e sementes podem ser transformadas em deliciosas bebidas saudáveis! Os leites vegetais crus, repletos de enzimas, vitaminas e aminoácidos, são muito mais digestivos e leves do que mastigar as nozes, castanhas e sementes.

Basta um liquidificador, nozes, castanhas ou sementes e um coador, ou filtro, e, em dois passos, você obtém um leite vegetal delicioso. Esses leites polivalentes se conservam por 4 dias na geladeira e podem ser aromatizados conforme o gosto. Vamos encontrá-los nas receitas de smoothies ou acompanhando granolas, sobremesas e bebidas quentes; podem até ser preparados com baunilha, morango ou chocolate! Ao contrário do leite de vaca, de soja ou do leite de semente industrial e pasteurizado, os leites caseiros são vivos e muito nutritivos. Nossos leites prediletos? O leite de cânhamo ou o leite de avelã com chocolate... verdadeiras delícias!

FÁCIL DE FAZER:

Deixe de molho 250 ml (1 xícara) de nozes, castanhas ou suas sementes preferidas: amêndoas, avelãs, gergelim, abóbora, castanhas-do-pará, nozes-pecãs, cânhamo etc., por cerca de 8 horas (ou uma noite).

Escorra e depois enxágue. Descarte a água da demolha.

Triture bem, com 1 litro (4 xícaras) de água, em um liquidificador por 45 segundos.

Filtre com a ajuda de um filtro de leite, coador ou peneira fina.

Pronto, você obteve leite! Se gostar de leite mais cremoso, aumente a quantidade de sementes por litro de água.

A polpa das sementes retida no filtro ou coador pode ser conservada na geladeira ou desidratada e usada como farinha em outras receitas, como bolachas, bolos etc.

FERMENTAÇÃO

A fermentação é um processo de multiplicação dos nutrientes por meio de uma microscópica atividade viva. As bactérias, as enzimas e as leveduras transformam, para nós, os açúcares simples em ácidos orgânicos, as proteínas em aminoácidos, ao mesmo tempo em que multiplicam por 10 as vitaminas e a digestibilidade. A fermentação também é um modo eficiente de conservação e uma arte culinária que oferece ampla gama de surpreendentes texturas e sabores. Todas as fermentações têm em comum o reforço do sistema imunológico, o apoio à flora intestinal, e são uma preciosa ajuda à digestão.

Os benefícios nutricionais da fermentação são bem conhecidos em várias civilizações – chucrute, lactofermentação, kefir, kombuchá, iogurte e queijo de oleaginosas, missô, tamari, tempeh etc., e também pão e levedura, frios, cerveja, café e vinho! As fermentações estão onipresentes, são benéficas e muito acessíveis. Cada pessoa pode cultivar esse exército de microcozinheiros que transformam os alimentos para a saúde de todos. Um vasto mundo que precisa ser redescoberto!

DESIDRATAÇÃO

Outro procedimento culinário ancestral, a desidratação, é um meio eficiente de conservar a integralidade nutricional dos alimentos. Ao extrair a água devagar, por meio de uma ventilação em baixa temperatura (40 °C), evitamos a cocção, e, assim, a destruição das enzimas e dos delicados nutrientes.

Com a ajuda do desidratador, não só criamos reservas fáceis de conservar, como também uma grande gama de reconfortantes texturas e sabores. De fato, a desidratação permite produzir saudáveis pães, bolachas, granolas, chips, panquecas, biscoitos e lanches diversos, que vão convencer até os mais refratários à alimentação viva. O desidratador é um instrumento econômico, fácil de usar, que permite cozinhar com criatividade e explorar todo o potencial dos ingredientes.

O desidratador vai ajudá-lo a:

- CONSERVAR OS ALIMENTOS;
- PRESERVAR O VALOR NUTRITIVO DOS ALIMENTOS;
- ECONOMIZAR AO SECAR ALIMENTOS COMPRADOS CONFORME A ESTAÇÃO;
- CONSUMIR FRUTAS SECAS SEM SULFITO NEM AÇÚCAR ADICIONAL;
- OBTER TEXTURAS DIFERENTES GRAÇAS À VARIAÇÃO DO TEMPO DE SECAGEM;
- IMITAR AS TEXTURAS COZIDAS E ENCANTAR A FAMÍLIA;
- SUBSTITUIR OS CEREAIS E AS FARINHAS PESADAS POR GRÃOS GERMINADOS;
- RENOVAR SUA PAIXÃO PELA CULINÁRIA.

Material

LIQUIDIFICADOR

É o utensílio principal e indispensável da nossa culinária viva. Um liquidificador convencional, de qualidade média, serve perfeitamente. Contudo, se você se der bem com esse tipo de alimentação, vale a pena investir algum dinheiro a mais em um bom aparelho; nesse caso, aconselhamos o mesmo que usamos em nossas cozinhas, da marca importada Vitamix. Em poucos minutos, ele vai triturar e dar uma textura macia a molhos, cremes, sopas, smoothies, musses etc. Além do mais, você poderá facilmente obter farinhas e manteigas de oleaginosas. O uso de um motor de tamanha potência transforma os alimentos a ponto de destruir alguns nutrientes. Embora isso seja algo a se considerar, a quantidade de verduras, frutas e legumes que você vai poder consumir graças a um liquidificador compensa amplamente a perda de nutrientes que o seu uso provoca.

PROCESSADOR DE ALIMENTOS

Ao ajudar a fazer patês, preparar sobremesas e legumes para as saladas, o processador de alimentos facilita bastante a sua vida. Escolha um aparelho simples e sólido, que dure muito tempo. Nas nossas aulas de culinária, utilizamos os processadores de menor preço para mostrar que é possível fazer milagre com pouco dinheiro! O processador, assim como o liquidificador, facilita a digestão ao ajudar a mastigação. De fato, os legumes crus, as oleaginosas e as sementes requerem uma boa mastigação para serem plenamente digeridos. Considerando-se nossa tendência a engolir alimentos quase sem mastigá-los, o preparo e a trituração se tornam uma etapa essencial para compensar a falta de mastigação!

DESIDRATADOR

Embora existam vários desidratadores no mercado, recomendamos o Excalibur por sua eficiência e seu excelente rendimento. Os tempos de desidratação mencionados neste livro são os de um Excalibur. *Contudo, você não é obrigado a ter um desidratador para fazer nossas receitas.* É possível desidratar alimentos em um forno convencional, deixando a porta entreaberta e ajustando o termostato na menor temperatura possível. É verdade que o resultado não será exatamente o mesmo, mas você poderá fazer testes interessantes. Hoje, vários fornos de convecção oferecem a opção de desidratar. Assim, você pode fazer experiências antes de pensar em comprar um verdadeiro desidratador.

FOLHAS DE TEFLEX: são folhas de desidratação permeáveis e antiaderentes sobre as quais se pode derramar uma mistura líquida. É possível utilizar papel-manteiga para obter um resultado semelhante, exceto para algumas receitas grudentas demais, em que será difícil separá-lo do alimento.

CENTRÍFUGA E EXTRATOR DE SUCO

A centrífuga é composta de pequenas lâminas de metal que trituram os legumes para extrair o seu suco por meio da centrifugação. É perfeitamente adequada para tubérculos, salsão, pepino, maçãs e frutas suculentas. No entanto, ela não consegue extrair o precioso suco das folhas verdes. Já o extrator lento de suco, com rosca sem fim, funciona como um espremedor. Permite extrair a clorofila dos legumes folhosos sem criar calor. O extrator lento serve para quaisquer tipos de legumes e frutas, e permite consumir facilmente grande quantidade de legumes sem as fibras. No entanto, aconselhamos consumir as frutas e os legumes doces com as fibras, já que estas tornam a digestão mais lenta e evitam um desequilíbrio da taxa de açúcar no sangue. No que diz respeito aos legumes não doces, porém, não há limites. Seu corpo vai lhe agradecer pela profusão de vitaminas e minerais contidos nesses sucos verdes alcalinizantes.

FATIADOR ESPIRAL

Este aparelho prático e barato permite cortar legumes em formatos surpreendentes. Em um instante, você pode fatiar abobrinhas ou qualquer legume duro em forma de espaguete, meia-lua ou espiral, por exemplo. Apenas com a "força muscular", você pode tornar todos os legumes atraentes aos olhos dos mais resistentes e transformar seus pratos em refeições gastronômicas. É possível saborear abobrinhas e maçãs sem preparo, mas é recomendável tirar o excesso de amargor ou de água dos legumes mais duros – nabo, beterraba, batata-doce, abóbora, nabo japonês, rabanete etc. – antes de comê-los. Para tanto, basta cortar os legumes conforme seu gosto, acrescentar sal e deixá-los suar por cerca de quinze minutos; assim, eles vão perder parte da sua água e ficarão mais tenros. Não se esqueça de enxaguá-los bem em água corrente para retirar o sal antes de saboreá-los!

SUCOS VERDES... EIS A VERDADEIRA FONTE DA JUVENTUDE DA ALIMENTAÇÃO VIVA...

Receitas básicas

Suco de gengibre

PREPARO 10 MINUTOS
RENDIMENTO 375 ML OU 1 1/2 XÍCARA (CHÁ)
MATERIAL EXTRATOR DE SUCO

300 G OU 3 XÍCARAS (CHÁ) DE GENGIBRE COM CASCA GROSSEIRAMENTE FATIADO

180 ML OU 3/4 DE XÍCARA (CHÁ) DE ÁGUA

Passe o gengibre duas vezes pelo extrator de suco.

Dilua na água o suco obtido.

Para congelar, basta colocar o preparo em fôrmas de gelo. Utilize os cubos assim obtidos em suas receitas.

Para aumentar esta receita, basta duplicar as quantidades de água e de gengibre.

Conserva-se 3 semanas na geladeira ou 6 meses no freezer (em cubos).

Pasta de tâmara

DEMOLHA 4-5 HORAS
PREPARO 20 MINUTOS
RENDIMENTO 850 G OU 6 1/2 XÍCARAS (CHÁ)
MATERIAL PROCESSADOR

500 G OU 2 1/2 XÍCARAS (CHÁ) DE TÂMARAS FRESCAS OU SECAS, SEM CAROÇO (ESTA RECEITA PODE SER PREPARADA, NAS MESMAS PROPORÇÕES, COM QUALQUER OUTRA FRUTA SECA)

360 ML OU 1 1/2 XÍCARA (CHÁ) DE ÁGUA

Em um recipiente, cubra as tâmaras com água e deixe de molho por 2 horas. Pressione bem para que todas as tâmaras fiquem de molho. Cubra com um peso se necessário.

Uma vez amolecidas, passe as tâmaras com a água da demolha no processador e bata até obter uma pasta uniforme, pegajosa e o mais lisa possível.

Conserva-se por 3 meses na geladeira.

Usam-se tâmaras como base para a pasta de frutas porque são doces e têm gosto relativamente neutro. Contudo, é possível fazer pastas de frutas da mesma maneira usando outras frutas secas (uvas-passas, cranberries, damascos, figos etc.).

Trigo germinado

DEMOLHA 30 MINUTOS
PREPARO 10 MINUTOS
GERMINAÇÃO 24-36 HORAS
DESIDRATAÇÃO CERCA DE 12 HORAS
RENDIMENTO 1,3 KG OU 6 1/2 XÍCARAS (CHÁ) DE TRIGO--SARRACENO CRU
RENDIMENTO 1 KG OU 6 XÍCARAS (CHÁ) DE TRIGO--SARRACENO GERMINADO DESIDRATADO
MATERIAL DESIDRATADOR

Em um recipiente grande, cubra o trigo-sarraceno com água e deixe de molho por 30 minutos.

Após a demolha, transfira o trigo para uma peneira e enxágue bem. Coloque a peneira sobre um recipiente, para recolher o excedente da água. Cubra com um pano limpo: a germinação vai acontecer na peneira.

Deixe germinar por 24-36 horas, enxaguando 2-3 vezes por dia. O trigo vai criar uma mucilagem e se tornar viscoso. Isso é natural, e não é preciso enxaguá-lo mais para retirar esse aspecto grudento.

O germe do trigo-sarraceno estará pronto ao atingir o tamanho de uma semente. Então, o trigo poderá ser usado como está, mas, se quiser conservá-lo, é recomendável desidratá-lo.

Desidratação: espalhe o trigo sobre as grelhas do desidratador e deixe secar por 8-12 horas, a 40 °C. O trigo-sarraceno estará suficientemente seco quando o talo se tornar pó à simples pressão dos dedos.

Conserva-se úmido por 3-5 dias na geladeira.

Conserva-se seco por 4 meses, em temperatura ambiente, em recipiente hermético.

Pasta de alho

PREPARO DESCASCAMENTO + 10 MINUTOS
RENDIMENTO 300 G OU 1 1/2 XÍCARA (CHÁ)
MATERIAL PROCESSADOR

300 G OU 2 XÍCARAS (CHÁ) DE ALHO SEM CASCA

120 ML OU 1/2 XÍCARA (CHÁ) DE ÓLEO DE GIRASSOL

No processador, reduza os ingredientes a uma pasta lisa.

Para descascar o alho mais facilmente: separe os dentes e deixe por cerca de uma hora na água morna.

Conserva-se por 3 semanas na geladeira ou 6 meses no freezer.

Leite de amêndoa puro

DEMOLHA **8 HORAS**
PREPARO **5 MINUTOS**
RENDIMENTO **1 LITRO (4 XÍCARAS)**
PORÇÕES **4**
MATERIAL **LIQUIDIFICADOR E FILTRO (OU COADOR)**

150-225 G OU 1-1 ½ XÍCARA (CHÁ) DE AMÊNDOAS

1 LITRO OU 4 XÍCARAS (CHÁ) DE ÁGUA

Deixe as amêndoas de molho por 8 horas e então escorra. Descarte a água da demolha.

No liquidificador, bata as amêndoas com a água até obter um líquido branco e cremoso. Se necessário, comece por triturar as amêndoas com metade da água.

Passe o leite obtido por um coador de náilon ou algodão. Reserve a polpa para outras receitas.

Conserva-se 3-4 dias na geladeira em recipiente hermético.

Leite de cânhamo com baunilha

PREPARO **5 MINUTOS**
RENDIMENTO **1 LITRO (4 XÍCARAS)**
PORÇÕES **4**
MATERIAL **LIQUIDIFICADOR**

120 G OU 1 XÍCARA (CHÁ) DE SEMENTES DE CÂNHAMO SEM CASCA

1 LITRO OU 4 XÍCARAS (CHÁ) DE ÁGUA

1 COLHER (CHÁ) DE ESSÊNCIA DE BAUNILHA

2 COLHERES (SOPA) DE XAROPE DE AGAVE OU DE BORDO

UMA PITADA DE SAL

Coloque todos os ingredientes no liquidificador e bata até obter um leite cremoso. Como as sementes de cânhamo se dissolvem quase inteiramente, não é necessário filtrar o leite obtido (ver p. 22).

Conserva-se 3-4 dias na geladeira em recipiente hermético.

Leite de castanha-do--pará com goji

DEMOLHA 12 HORAS (OPCIONAL)
PREPARO 5 MINUTOS
PORÇÕES 4
MATERIAL LIQUIDIFICADOR E FILTRO OU COADOR

280 G OU 2 XÍCARAS (CHÁ) DE CASTANHA-DO-PARÁ

40 G OU ⅓ DE XÍCARA (CHÁ) DE BAGAS DE GOJI

1 LITRO OU 4 XÍCARAS (CHÁ) DE ÁGUA

UMA PITADA DE SAL MARINHO

½ COLHER (CHÁ) DE CANELA EM PÓ

UMA PITADA DE PIMENTA-DE-CAIENA EM PÓ (OPCIONAL)

Deixe as castanhas-do-pará de molho durante 12 horas, escorra e enxágue (essa demolha é opcional). Descarte a água da demolha. Deixe as bagas de goji de molho por 1 hora, e então escorra, reservando essa água para o preparo de um smoothie.

No liquidificador, bata todos os ingredientes durante alguns minutos, até obter um líquido colorido e cremoso. Se preferir, comece por bater as castanhas--do-pará e as bagas de goji com metade da água.

Passe o leite obtido por um filtro de náilon ou algodão. Reserve a polpa para outras receitas.

Conserva-se 3-4 dias na geladeira em recipiente hermético.

Smoothie Macau

DEMOLHA 12 HORAS (OPCIONAL)
PREPARO 10 MINUTOS
PORÇÕES 2
MATERIAL LIQUIDIFICADOR E FILTRO OU COADOR

1 COLHER (SOPA) DE ÓLEO DE COCO

45 G OU ⅓ DE XÍCARA (CHÁ) DE CASTANHAS-DO-PARÁ

400 ML OU 1 ⅔ XÍCARA (CHÁ) DE ÁGUA

3 BANANAS

30 G OU ¼ DE XÍCARA (CHÁ) DE CACAU EM PÓ

2 COLHERES (CHÁ) DE MACA EM PÓ

4 TÂMARAS SEM CAROÇO OU 4 COLHERES (SOPA) DE PASTA DE TÂMARA (VER P. 25)

UMA PITADA DE SAL MARINHO

Deixe as castanhas-do-pará de molho durante 12 horas (a demolha é opcional), e então escorra e enxágue. Descarte a água da demolha.

Faça um leite com as castanhas-do-pará e a água (ver ao lado).

No liquidificador, bata o leite e o restante dos ingredientes até obter um smoothie espesso e liso.

Para degustar gelado, utilize frutas previamente congeladas ou substitua parte da água por cubos de gelo.

Conserva-se 2 dias na geladeira em recipiente hermético.

Smoothie a bela verde

PREPARO **10 MINUTOS**
PORÇÕES **2**
MATERIAL **LIQUIDIFICADOR**

3 FOLHAS OU CERCA DE 75 G DE COUVE-MANTEIGA

25 G OU ½ XÍCARA (CHÁ) CHEIA DE SALSINHA FRESCA

375 ML OU 1 ½ XÍCARA (CHÁ) DE ÁGUA

1 ½ BANANA

150 G OU 1 XÍCARA (CHÁ) DE ABACAXI EM PEDAÇOS

3 TÂMARAS SEM CAROÇO OU 3 COLHERES (SOPA) DE PASTA DE TÂMARA (VER P. 25)

30 G OU ¼ DE XÍCARA (CHÁ) DE SEMENTES DE CÂNHAMO SEM CASCA

UMA PITADA (CHÁ) DE SAL MARINHO

No liquidificador, bata a couve-manteiga, a salsinha e a água até formar uma pasta verde.

Acrescente o restante dos ingredientes e bata até obter um smoothie liso.

Para degustar gelado, utilize frutas previamente congeladas ou substitua parte da água por cubos de gelo.

Conserva-se 2 dias na geladeira em recipiente hermético.

Smoothie loco local

PREPARO **10 MINUTOS**
PORÇÕES **2**
MATERIAL **LIQUIDIFICADOR**

300 ML OU 1 ¼ XÍCARA (CHÁ) DE ÁGUA

2 MAÇÃS SEM SEMENTES CORTADAS EM CUBOS

75 G OU ½ XÍCARA (CHÁ) DE MIRTILOS

75 G OU ½ XÍCARA (CHÁ) DE CRANBERRIES DESIDRATADOS

100 G OU 6 MORANGOS SEM OS CABINHOS

1 COLHER (SOPA) DE XAROPE DE BORDO

No liquidificador, bata todos os ingredientes até obter um smoothie liso.

Para degustar gelado, utilize frutas previamente congeladas ou substitua parte da água por cubos de gelo.

Conserva-se 2 dias na geladeira em recipiente hermético.

Smoothie doce-verde

DEMOLHA 8 HORAS
PREPARO 15 MINUTOS
PORÇÕES 2
MATERIAL LIQUIDIFICADOR E FILTRO OU COADOR

50 G OU 1/3 DE XÍCARA (CHÁ) DE AMÊNDOAS COM A PELE

375 ML OU 1 1/2 XÍCARA (CHÁ) DE ÁGUA

2 BANANAS

80 G OU 2 XÍCARAS (CHÁ) DE ESPINAFRE

10 FOLHAS DE HORTELÃ

2 TÂMARAS SEM CAROÇO OU 2 COLHERES (SOPA) DE PASTA DE TÂMARA (VER P. 25)

UMA PITADA (CHÁ) DE PIMENTA-DE-CAIENA EM PÓ

UMA PITADA (CHÁ) DE SAL MARINHO

1/2 COLHER (CHÁ) DE ESSÊNCIA DE BAUNILHA

Deixe as amêndoas de molho por 8 horas. Escorra e enxágue bem; descarte a água da demolha.

Faça um leite com as amêndoas e a água (ver p. 28).

No liquidificador, bata a metade do leite e o restante dos ingredientes até obter uma pasta espessa e uniforme.

Acrescente o restante do leite e bata até obter um smoothie liso.

Para degustar gelado, utilize frutas previamente congeladas ou substitua parte da água por cubos de gelo.

Conserva-se 2 dias na geladeira em recipiente hermético.

Smoothie poderoso

PREPARO 5 MINUTOS
PORÇÕES 2
MATERIAL LIQUIDIFICADOR

35 G OU 1/4 DE XÍCARA (CHÁ) DE MANTEIGA DE COCO

2 COLHERES (SOPA) DE PROTEÍNA DE CÂNHAMO

2 COLHERES (CHÁ) DE MACA EM PÓ

1 1/2 COLHER (SOPA) DE BAGAS DE GOJI

1 1/2 COLHER DE AMORAS-BRANCAS

500 ML OU 2 XÍCARAS (CHÁ) DE ÁGUA

1 1/2 COLHER (SOPA) DE SEMENTES DE CHIA

1 COLHER (SOPA) DE ALFARROBA EM PÓ

2 LARANJAS SEM CASCA E SEM A PARTE BRANCA

1 1/2 BANANA

OPCIONAL:

1 COLHER (CHÁ) DE MATCHÁ (VARIEDADE DE CHÁ VERDE) EM PÓ

OU 1 COLHER (SOPA) DE PÓLEN DE ABELHAS

No liquidificador, bata todos os ingredientes com metade da água, até obter uma pasta espessa e uniforme.

Acrescente a água restante e bata até obter um smoothie liso.

Para degustar gelado, utilize frutas previamente congeladas ou substitua parte da água por cubos de gelo.

Conserva-se 2 dias na geladeira em recipiente hermético.

Suco verde-escuro

PREPARO **5 A 10 MINUTOS**
PORÇÕES **2**
MATERIAL **EXTRATOR DE SUCO**

2 MAÇÃS, OU 3 PARA UM SUCO UM POUCO MENOS VERDE E MAIS DOCE

½ BULBO OU 150 G DE ERVA-DOCE (COM A RAMAGEM)

50 G OU 1 XÍCARA (CHÁ) CHEIA DE SALSINHA FRESCA

6 FOLHAS OU 150 G DE COUVE-MANTEIGA

1 COLHER (CHÁ) DE SUCO DE GENGIBRE (VER P. 25) OU 1 COLHER (SOPA) DE GENGIBRE PICADO

½ LIMÃO SEM CASCA E SEM A PARTE BRANCA

8 TALOS OU 400 G DE SALSÃO

Passe todos os ingredientes no extrator de suco.

Conserva-se 1 dia na geladeira em recipiente hermético.

Suco absoluto

PREPARO **5 A 10 MINUTOS**
PORÇÕES **2**
MATERIAL **EXTRATOR DE SUCO E CENTRÍFUGA**

2 MAÇÃS

1 BULBO OU 300 G DE ERVA-DOCE (COM A RAMAGEM)

1 GRAPEFRUIT DE BOM TAMANHO

4 TALOS OU 200 G DE SALSÃO

Passe todos os ingredientes no extrator de suco ou na centrífuga.

Conserva-se 2 dias na geladeira em recipiente hermético.

Suco Hipócrates

PREPARO **5 A 10 MINUTOS**
PORÇÕES **2**
MATERIAL **EXTRATOR DE SUCO**

150 G OU 3 XÍCARAS (CHÁ) DE BROTOS DE ERVILHA

60 G OU ½ XÍCARA (CHÁ) CHEIA DE COENTRO FRESCO

160 G OU 1 XÍCARA (CHÁ) DE PEPINO COM CASCA

10 TALOS OU 500 G DE SALSÃO

½ LIMÃO SEM CASCA E SEM A PARTE BRANCA

PARA UM SUCO UM POUCO MENOS VERDE E MAIS DOCE, **ACRESCENTE 1 MAÇÃ**

Passe todos os ingredientes no extrator de suco.

Conserva-se 1 dia na geladeira em recipiente hermético.

Suco lábios vermelhos

PREPARO **5 A 10 MINUTOS**
PORÇÕES **2**
MATERIAL **EXTRATOR DE SUCO OU CENTRÍFUGA**

2 MAÇÃS

200 G OU 1 BETERRABA GRANDE

500 G OU 6 CENOURAS

2 COLHERES (CHÁ) DE SUCO DE GENGIBRE (VER P. 25) OU 2 COLHERES (SOPA) DE GENGIBRE

Passe todos os ingredientes no extrator de suco ou na centrífuga.

Conserva-se 2 dias na geladeira em recipiente hermético.

Elixir inner jazz

PREPARO **10 MINUTOS**
PORÇÕES **2**
MATERIAL **LIQUIDIFICADOR**

2 COLHERES (CHÁ) DE ESPIRULINA EM PÓ OU 2-4 COLHERES (SOPA) DE SUCO VERDE

1 BANANA

130 G OU 2/3 DE XÍCARA (CHÁ) DE ABACAXI EM PEDAÇOS

130 G OU 2/3 DE XÍCARA (CHÁ) DE POLPA DE MANGA

1 LARANJA SEM A CASCA E SEM A PARTE BRANCA

375 ML OU 1 ½ XÍCARA DE ÁGUA

½ COLHER (CHÁ) DE GENGIBRE PICADO

30 GOTAS DE TINTURA DE GINSENG (OPCIONAL)

Coloque todos os ingredientes no liquidificador e bata até obter um smoothie liso.

Para degustar gelado, utilize frutas previamente congeladas ou substitua parte da água por cubos de gelo.

Conserva-se 2 dias na geladeira em recipiente hermético.

Smoothie frutado

PREPARO **5 MINUTOS**
PORÇÕES **2**
MATERIAL **LIQUIDIFICADOR**

1 COLHER (SOPA) DE ÓLEO DE COCO

3 GOMOS DE GRAPEFRUIT

4 MORANGOS SEM OS CABINHOS

3/4 DE XÍCARA (CHÁ) DE POLPA DE MANGA

½ XÍCARA (CHÁ) DE FRAMBOESAS

½ COLHER (CHÁ) DE CARDAMOMO EM PÓ

3 TÂMARAS SEM CAROÇO OU 3 COLHERES (SOPA) DE PASTA DE TÂMARA (VER P. 25)

1 ½ XÍCARA (CHÁ) DE ÁGUA

Coloque todos os ingredientes no liquidificador e bata até obter um smoothie espesso e liso.

Conserva-se 2 dias na geladeira em recipiente hermético.

Elixir zum-zum

DEMOLHA 8 HORAS
PREPARO 15 MINUTOS
PORÇÕES 2
MATERIAL LIQUIDIFICADOR E FILTRO (OU COADOR)

75 G OU ½ XÍCARA (CHÁ) DE AMÊNDOAS COM A PELE

625 ML OU 2 ½ XÍCARAS (CHÁ) DE ÁGUA

3 BANANAS

1 COLHER (CHÁ) DE CÚRCUMA EM PÓ

1 COLHER (CHÁ) DE ALFARROBA EM PÓ

¼ DE COLHER (CHÁ) DE CANELA EM PÓ

1 COLHER (CHÁ) DE LÚCUMA EM PÓ

UMA PITADA DE PIMENTA-DE-CAIENA EM PÓ

1 COLHER (CHÁ) DE SUCO DE LIMÃO

½ COLHER (CHÁ) DE ESSÊNCIA DE BAUNILHA

2 COLHERES (CHÁ) DE MEL DE PREFERÊNCIA ORGÂNICO E NÃO PASTEURIZADO

1 COLHER (SOPA) DE PÓLEN DE ABELHA

14 GOTAS DE TINTURA DE GINKGO (OPCIONAL)

Deixe as amêndoas de molho durante 8 horas. Enxágue bem e descarte a água da demolha.

Faça um leite com as amêndoas e a água (ver p. 28).

No liquidificador, bata o leite e os demais ingredientes até obter um smoothie espesso e liso.

Para degustar gelado, utilize frutas previamente congeladas ou substitua parte da água por cubos de gelo.

Conserva-se 2 dias na geladeira em recipiente hermético.

Lassi de pêssego

PREPARO 5 MINUTOS
PORÇÕES 2
MATERIAL LIQUIDIFICADOR

465 G OU 2 XÍCARAS (CHÁ) DE IOGURTE DE OLEAGINOSAS (VER P. 107)

POLPA DE 2 PÊSSEGOS

2 COLHERES (SOPA) DE XAROPE DE AGAVE

¼ DE COLHER (CHÁ) DE CARDAMOMO EM PÓ

250 ML OU 1 XÍCARA (CHÁ) DE ÁGUA

Coloque todos os ingredientes no liquidificador e bata até obter uma bebida cremosa.

Conserva-se 2 dias na geladeira em recipiente hermético.

35

Chai de reishi

PREPARO **10 MINUTOS**
COZIMENTO **20 MINUTOS**
RENDIMENTO **1 LITRO OU 4 XÍCARAS (CHÁ)**
MATERIAL **LIQUIDIFICADOR**

1 FAVA DE BAUNILHA CORTADA NO SENTIDO LONGITUDINAL (OPCIONAL)

2 ANISES-ESTRELADOS

1/2 COLHER (CHÁ) DE CRAVOS-DA-ÍNDIA INTEIROS

1/2 COLHER (SOPA) DE ALCAÇUZ EM PEDAÇOS (OPCIONAL)

1 OU 2 PAUS DE CANELA

2 COLHERES (SOPA) DE COGUMELOS REISHI

2 COLHERES (SOPA) DE BAGAS DE GOJI

750 ML OU 3 XÍCARAS (CHÁ) DE ÁGUA

500 ML OU 2 XÍCARAS (CHÁ) DE LEITE DE AMÊNDOAS PURO (VER P. 28) OU 500 ML OU 2 XÍCARAS (CHÁ) DE ÁGUA E 135 G OU 1 XÍCARA (CHÁ) DE SEMENTES DE CÂNHAMO SEM CASCA

1 A 2 COLHERES (SOPA) DE XAROPE DE BORDO (CONFORME O GOSTO)

SE NÃO UTILIZAR FAVA DE BAUNILHA:

1 COLHER (CHÁ) DE ESSÊNCIA DE BAUNILHA

Em uma panela, coloque as especiarias, os cogumelos reishi, as bagas de goji e a água. Tampe e deixe ferver. Retire a tampa e deixe reduzir em fogo muito brando por 20 minutos, até obter um volume de líquido de 500 ml ou 2 xícaras (chá).

Deixe amornar antes de coar o preparo.

Prepare o leite de amêndoas puro e coloque o cânhamo e a água no liquidificador para fazer um leite que não precisa ser filtrado.

Acrescente o caldo obtido no cozimento e o xarope de bordo (e a essência de baunilha, se for o caso). Misture bem com a ajuda de um batedor (fouet).

Conserva-se 3 dias na geladeira em recipiente hermético.

Chá nutritivo

MACERAÇÃO **6 A 12 HORAS**
PREPARO **5 MINUTOS**
RENDIMENTO **2 LITROS OU 8 XÍCARAS (CHÁ)**

1,75 LITRO OU 7 XÍCARAS (CHÁ) DE ÁGUA FERVENTE

30 G OU 1 XÍCARA (CHÁ) DE URTIGAS SECAS OU 100 A 150 G OU 2 A 3 XÍCARAS (CHÁ) DE URTIGAS FRESCAS E/OU NAS MESMAS QUANTIDADES: CAVALINHA, AVEIA, TREVO OU QUALQUER OUTRA ERVA NUTRITIVA

Em um recipiente de vidro de 2 litros ou 8 xícaras (chá), despeje a água fervente sobre as ervas. Deixe em infusão durante a noite (6 a 12 horas). Filtre.

Utilize esse chá frio para prepar leites e smoothies.

Conserva-se 5 dias na geladeira em recipiente hermético.

Kombu mojito

PREPARO **5 MINUTOS**
PORÇÕES **2**
MATERIAL **LIQUIDIFICADOR**

200 G OU 1 ½ XÍCARA (CHÁ) DE ABACAXI PICADO

8 FOLHAS DE HORTELÃ MÉDIAS

SUCO DE ½ LIMÃO

1 COLHER (SOPA) DE XAROPE DE AGAVE

60 ML OU ¼ DE XÍCARA (CHÁ) DE ÁGUA

250 ML OU 1 XÍCARA (CHÁ) DE KOMBUCHÁ (VER P. 100)

No liquidificador, coloque todos os ingredientes menos o kombuchá e bata até obter um suco uniforme e liso.

Despeje nos copos e acrescente o kombuchá.

Conserva-se 2 dias na geladeira em recipiente hermético.

Chocolate quente

PREPARO **5 MINUTOS**
PORÇÕES **2**
MATERIAL **LIQUIDIFICADOR**

30 G OU ¼ DE XÍCARA (CHÁ) DE CACAU EM PÓ

35 G OU ¼ DE XÍCARA (CHÁ) DE MANTEIGA DE COCO

4 TÂMARAS SEM CAROÇO OU 4 COLHERES (SOPA) DE PASTA DE TÂMARA (VER P. 28)

40 G OU ¼ DE XÍCARA (CHÁ) DE CASTANHAS-DE-CAJU

500 ML OU 2 XÍCARAS (CHÁ) DE ÁGUA QUENTE

PARA PREPARAR UM CHOCOLATE COM ESPECIARIAS, ACRESCENTE:

UMA PITADA (CHÁ) DE PIMENTA-DE-CAIENA EM PÓ

UMA PITADA (CHÁ) DE GENGIBRE EM PÓ

UMA PITADA (CHÁ) DE CANELA EM PÓ

UMA PITADA (CHÁ) DE ANIS EM PÓ

UMA PITADA (CHÁ) DE CRAVO-DA-ÍNDIA EM PÓ

OU

PARA PREPARAR UM CHOCOLATE COM AMÊNDOAS, ACRESCENTE:

¼ DE COLHER (CHÁ) DE ESSÊNCIA DE AMÊNDOAS

Coloque todos os ingredientes no liquidificador e bata até obter uma bebida cremosa.

Conserva-se 2 dias na geladeira em recipiente hermético.

Sopa-creme de espinafre com pistache

PREPARO **10 MINUTOS**
PORÇÕES **4**
MATERIAL **LIQUIDIFICADOR**

500 ML OU 2 XÍCARAS (CHÁ) DE ÁGUA

100 G OU 2 1/2 XÍCARAS (CHÁ) DE ESPINAFRE

1/2 ABACATE

1/4 DE LIMÃO-TAITI

30 G OU 1/2 XÍCARA (CHÁ) DE COENTRO FRESCO

40 G OU 1/4 DE XÍCARA (CHÁ) DE PISTACHES

1 COLHER (CAFÉ) DE SAL MARINHO

OPCIONAL: PARA CADA PORÇÃO DE 250 ML OU 1 XÍCARA (CHÁ), ACRESCENTE:

1 COLHER (CHÁ) DE CREME FRESCO (VER P. 177)

No liquidificador, bata todos os ingredientes e a metade da água até obter uma pasta espessa e lisa.

Acrescente a água restante e bata de novo até obter uma sopa cremosa.

Para servir esta sopa quente, substitua a água fria por água quente.

Conserva-se 3 dias na geladeira em recipiente hermético.

Sopa-creme de tomate

PREPARO 15 MINUTOS
PORÇÕES 4
MATERIAL LIQUIDIFICADOR

- 375 ML OU 1 ½ XÍCARA (CHÁ) DE ÁGUA
- 250 G OU 1 ½ XÍCARA (CHÁ) DE TOMATES CORTADOS EM CUBOS
- 150 G OU 1 ¼ XÍCARA (CHÁ) DE CENOURAS CORTADAS EM CUBOS
- 1 COLHER (SOPA) DE COENTRO FRESCO
- 1 COLHER (SOPA) DE SUCO DE LIMÃO
- 75 G OU ½ XÍCARA (CHÁ) DE CASTANHAS-DE-CAJU
- 1 ½ COLHER (CHÁ) DE SAL MARINHO
- 1 COLHER (CHÁ) DE CHILI EM PÓ

No liquidificador, bata todos os ingredientes e a metade da água até obter uma pasta espessa e lisa.

Acrescente a água restante e bata de novo até obter uma sopa cremosa.

Para servir esta sopa quente, substitua a água fria por água quente.

Conserva-se 3 dias na geladeira em recipiente hermético.

Sopa de cenoura com curry

PREPARO 20 MINUTOS
PORÇÕES 4
MATERIAL LIQUIDIFICADOR E EXTRATOR DE SUCO OU CENTRÍFUGA

125 ML OU ½ XÍCARA (CHÁ) DE SUCO DE CENOURA (CERCA DE 5 CENOURAS)

250 ML OU 1 XÍCARA (CHÁ) DE SUCO DE MAÇÃ (CERCA DE 3 MAÇÃS)

½ LIMÃO SEM CASCA E SEM A PARTE BRANCA

¼ DE COLHER (SOPA) DE GENGIBRE OU ¼ DE COLHER (CHÁ) DE SUCO DE GENGIBRE (VER P. 25)

100 G OU ¾ XÍCARA (CHÁ) DE CENOURA SEM CASCA CORTADA EM CUBOS

125 ML OU ½ XÍCARA (CHÁ) DE ÁGUA

110 G OU ¾ XÍCARA (CHÁ) DE CASTANHAS-DE-CAJU

1 COLHER (CHÁ) DE SAL MARINHO

2 COLHERES (CHÁ) DE CURRY

Passe pelo extrator de suco ou pela centrífuga as cenouras, as maçãs, o limão e o gengibre (se for necessário) até obter a quantidade de suco desejada.

No liquidificador, bata os cubos de cenoura com a água até obter um purê.

Acrescente o suco de legumes e o restante dos ingredientes, e então bata até obter uma sopa homogênea.

Para servir esta sopa quente, substitua a água fria por água quente.

Conserva-se 3 dias na geladeira em recipiente hermético.

Sopa de cebola

PREPARO 5 MINUTOS
PORÇÕES 4

1 RECEITA DE CEBOLAS CONFITADAS (VER ABAIXO)

CALDO
70 G OU ¼ DE XÍCARA (CHÁ) DE MISSÔ
60 ML OU ¼ DE XÍCARA (CHÁ) DE MOLHO TAMARI (SEM TRIGO)
875 ML OU 3 ½ XÍCARAS (CHÁ) DE ÁGUA QUENTE

OPCIONAL
2 COLHERES (CHÁ) DE VINHO TINTO
5 CROÛTONS (VER P. 65)

Distribua as cebolas confitadas nas tigelas para servir.

Com a ajuda de um batedor (fouet), dilua o missô e o molho tamari em 250 ml ou 1 xícara (chá) de água quente.

Acrescente a água restante e então o vinho tinto, e misture de novo.

Coloque o caldo nas tigelas e sirva.

Conserva-se 1 semana na geladeira em recipiente hermético.

Cebolas confitadas para a sopa de cebola

PREPARO 20 MINUTOS
DESIDRATAÇÃO 3 HORAS
PORÇÕES 4
MATERIAL DESIDRATADOR, PROCESSADOR OU FATIADOR (MANDOLINE)

250 G OU 2 ½ XÍCARAS (CHÁ) DE CEBOLAS CORTADAS EM LÂMINAS FINAS
1 COLHER (SOPA) DE MOLHO TAMARI (SEM TRIGO)
1 COLHER (CAFÉ) DE ÓLEO DE GIRASSOL
2 COLHERES (CHÁ) DE TOMILHO SECO
½ COLHER (CAFÉ) DE PIMENTA-DO-REINO MOÍDA
½ COLHER (CHÁ) DE CHILI EM PÓ

Fatie a cebola em lâminas finas com a ajuda do processador ou o fatiador (mandoline).

Em uma tigela, misture com as mãos a cebola e o restante dos ingredientes.

Espalhe a cebola sobre a grelha do desidratador e deixe a 40 ºC por 5 horas.

Conserva-se 1 mês na geladeira em recipiente hermético.

Missoshiro

PREPARO **10 MINUTOS**
PORÇÕES **2 REFEIÇÕES OU 4 ENTRADAS**
MATERIAL **LIQUIDIFICADOR**

1 RECEITA DE CALDO DE SOPA DE MISSÔ (VER ABAIXO)

1 LITRO OU 4 XÍCARAS (CHÁ) DE ÁGUA QUENTE

LEGUMES VARIADOS

30G OU ¼ DE XÍCARA (CHÁ) DE BAGAS DE GOJI

4 COGUMELOS-DE-PARIS FRESCOS FATIADOS

½ CEBOLINHA FATIADA EM RODELAS FINAS

20G OU ¼ DE XÍCARA (CHÁ) DE ALGA WAKAMÊ OU ARAMÊ PICADA

Em um recipiente grande, despeje o caldo, acrescente a água quente e misture com a ajuda do batedor (fouet).

Distribua o preparo de legumes entre tigelas de servir.

Despeje o caldo por cima e sirva.

Conserva-se 5-7 dias na geladeira separada em dois recipientes herméticos (legumes e caldo).

Caldo de missô

70 G OU ¼ DE XÍCARA (CHÁ) DE MISSÔ (PASTA DE SOJA)

60 ML OU ¼ DE XÍCARA (CHÁ) DE MOLHO TAMARI (SEM TRIGO)

2 COLHERES (CHÁ) DE GENGIBRE OU 1 COLHER (CHÁ) DE SUCO DE GENGIBRE (VER P. 25)

No liquidificador, bata o missô, o molho tamari (sem trigo) e o suco (ou pedaços) de gengibre.

Borche cru

PREPARO 25 MINUTOS
PORÇÕES 4
MATERIAL LIQUIDIFICADOR

1 BETERRABA MÉDIA RALADA

CALDO

½ BETERRABA MÉDIA FATIADA EM CUBOS

1 TOMATE

25 G OU ¼ DE XÍCARA (CHÁ) DE TOMATES SECOS

2 COLHERES (SOPA) DE ENDRO FRESCO PICADO GROSSEIRAMENTE

750 ML OU 3 XÍCARAS (CHÁ) DE ÁGUA

25 G OU ¼ DE XÍCARA (CHÁ) DE CEBOLA ROXA PICADA GROSSEIRAMENTE

1 COLHER (SOPA) DE SUCO DE LIMÃO

2 COLHERES (SOPA) DE AZEITE DE OLIVA

1 COLHER (SOPA) DE XAROPE DE AGAVE

UMA PITADA DE CRAVO-DA-ÍNDIA EM PÓ

OPCIONAL

30 G OU ¼ DE XÍCARA (CHÁ) DE CREME FRESCO (VER P. 177) OU DE IOGURTE DE CASTANHA-DE-CAJU (VER P. 107)

Distribua a beterraba ralada entre 4 tigelas de servir.

Coloque todos os ingredientes do caldo no liquidificador e bata até obter uma sopa uniforme. Despeje nas tigelas.

Acrescente o creme fresco ou iogurte, se desejar.

Conserva-se 3 dias na geladeira em recipiente hermético.

45

Sopa-creme de cogumelo

PREPARO **10 MINUTOS**
PORÇÕES **4**
MATERIAL **LIQUIDIFICADOR**

250 G OU 2 1/2 XÍCARAS (CHÁ) DE COGUMELOS-DE-PARIS FRESCOS

25 G OU 1/4 DE XÍCARA (CHÁ) DE CEBOLA ROXA PICADA

2 COLHERES (SOPA) DE SUCO DE LIMÃO

1 COLHER (SOPA) DE MISSÔ

1 COLHER (SOPA) DE MOLHO TAMARI (SEM TRIGO)

150 G OU 1 XÍCARA (CHÁ) DE CASTANHAS-DE-CAJU

1 COLHER (CHÁ) DE SAL MARINHO

1 COLHER (SOPA) DE ALECRIM SECO

700 ML OU 2 2/3 XÍCARAS (CHÁ) DE ÁGUA

No liquidificador, bata todos os ingredientes, exceto o alecrim, e metade da água até obter uma pasta espessa e lisa.

Acrescente a água restante e bata de novo até obter uma sopa cremosa.

Acrescente o alecrim e bata levemente para triturá-lo.

Para servir esta sopa quente, substitua a água fria por água quente.

Conserva-se 5-7 dias na geladeira em recipiente hermético.

Sopa vietnamita

PREPARO **25 MINUTOS**
PORÇÕES **4**
MATERIAL **LIQUIDIFICADOR, FATIADOR (ESPIRAL OU MANDOLINE)**

LEGUMES VARIADOS

200 G OU 1 ABOBRINHA MÉDIA CORTADA EM ESPAGUETE

60 G OU ½ XÍCARA (CHÁ) DE CENOURA RALADA

2 COLHERES (SOPA) DE CEBOLINHA PICADA

30 G OU ½ XÍCARA (CHÁ) DE COENTRO FRESCO PICADO

4 FATIAS DE LIMÃO-TAITI (OPCIONAL)

CALDO

1 COLHER (CHÁ) DE COMINHO EM PÓ

SUCO DE ½ LIMÃO

80 ML OU ⅓ DE XÍCARA (CHÁ) DE MOLHO TAMARI (SEM TRIGO)

½ COLHER (CHÁ) DE PASTA DE ALHO (VER P. 25) OU ½ DENTE DE ALHO PICADO

2 ½ COLHERES (SOPA) DE XAROPE DE AGAVE

1 COLHER (CHÁ) DE SAL MARINHO

¾ DE COLHER (CHÁ) DE CURRY

UMA PITADA DE PIMENTA-DE-CAIENA EM PÓ

1 COLHER (SOPA) DE GENGIBRE PICADO FINAMENTE OU 1 COLHER (CHÁ) DE SUCO DE GENGIBRE (VER P. 25)

1 LITRO OU 4 XÍCARAS (CHÁ) DE ÁGUA QUENTE

Com o fatiador (mandoline ou espiral), faça espaguetes de abobrinha. Prepare os demais legume e reserve.

Bata todos os outros ingredientes no liquidificador ou com um batedor (fouet).

Despeje o caldo em um recipiente grande, acrescente a água quente e misture com o batedor.

Distribua os legumes entre as tigelas e despeje o caldo por cima.

Conserva-se 4 dias na geladeira separada em dois recipientes herméticos (legumes e caldo).

Sopa de cabochã com coentro

PREPARO **15 MINUTOS**
PORÇÕES **4**
MATERIAL **LIQUIDIFICADOR**

10 RAMOS DE COENTRO FRESCO
500 ML OU 2 XÍCARAS (CHÁ) DE ÁGUA
250 G OU 1/4 DE CABOCHÃ (MÉDIA) SEM CASCA
50 G OU 1/2 XÍCARA (CHÁ) DE SALSÃO
25 G OU 1/4 DE XÍCARA (CHÁ) DE CEBOLA PICADA
50 G OU 1/3 DE XÍCARA (CHÁ) DE PIMENTÃO VERMELHO
1/2 ABACATE
2 COLHERES (SOPA) DE MOLHO TAMARI (SEM TRIGO)

No liquidificador, bata todos os ingredientes, exceto o coentro, com metade da água até obter uma pasta espessa e lisa.

Acrescente a água restante e bata até obter uma sopa cremosa.

Acrescente o coentro e bata rapidamente, com o botão "pulsar", para incorporar tudo, mas sem triturar as folhas.

Para servir esta sopa quente, substitua a água fria por água quente.

Conserva-se 3 dias na geladeira em recipiente hermético.

Sopa de couve-manteiga

PREPARO 5 MINUTOS
PORÇÕES 4
MATERIAL LIQUIDIFICADOR

5 FOLHAS OU 75 G DE COUVE-MANTEIGA E/OU ESPINAFRE E/OU ACELGA E/OU DENTE-DE-LEÃO SEM TALOS GROSSEIRAMENTE PICADAS

POLPA DE UM ABACATE

60 G OU 1 XÍCARA (CHÁ) DE BROTOS DE GIRASSOL E/OU DE TREVO

30 G OU ¼ DE XÍCARA (CHÁ) DE SEMENTES DE CÂNHAMO SEM CASCA

625 ML OU 2 ½ XÍCARAS (CHÁ) DE ÁGUA OU DE CHÁ NUTRITIVO (VER P. 36)

1 LIMÃO SEM CASCA E SEM A PARTE BRANCA

1 COLHER (CHÁ) DE SEMENTES DE COENTRO MOÍDAS

2 COLHERES (SOPA) DE MOLHO TAMARI (SEM TRIGO) OU SHOYU PROBIÓTICO CRU

Coloque todos os ingredientes no liquidificador. Bata até obter uma sopa espessa e lisa.

Conserva-se 1 dia na geladeira em recipiente hermético.

Gaspacho

PREPARO **10 MINUTOS**
PORÇÕES **4**
MATERIAL **LIQUIDIFICADOR**

500 G A 3 TOMATES MÉDIOS

50 G DE PIMENTÃO VERMELHO A 1/3 PIMENTÃO

75 G OU 1/4 DE PEPINO SEM A CASCA

25 G OU 1/4 DE XÍCARA (CHÁ) DE CEBOLA ROXA PICADA

POLPA DE 1/2 ABACATE

1/2 DENTE DE ALHO OU 1/4 COLHER (CAFÉ) DE PASTA DE ALHO (VER P. 25)

2 COLHERES (SOPA) DE AZEITE DE OLIVA

1/2 COLHER (CHÁ) DE SAL MARINHO

1/2 COLHER (CHÁ) DE VINAGRE DE MAÇÃ

1/2 COLHER (CHÁ) DE XAROPE DE BORDO

125 ML OU 1/2 XÍCARA (CHÁ) DE ÁGUA

Coloque metade do tomate, do pepino e da cebola junto com o restante dos ingredientes no liquidificador. Bata até obter uma pasta uniforme e untuosa.

Corte os demais legumes em pedacinhos antes de juntá-los à sopa.

Conserva-se 2-3 dias na geladeira em recipiente hermético.

Sopa sueca

PREPARO 10 MINUTOS
DESIDRATAÇÃO 1 HORA
PORÇÕES 4
MATERIAL LIQUIDIFICADOR E DESIDRATADOR

LEGUMES

140 G OU 1 XÍCARA (CHÁ) DE ABOBRINHA CORTADA EM CUBINHOS

100 G OU 1 XÍCARA (CHÁ) DE COGUMELOS-DE--PARIS FRESCOS CORTADOS EM CUBINHOS

80 G DE TOMATE CORTADO EM CUBINHOS (½ TOMATE MÉDIO)

60 G OU ¾ DE XÍCARA (CHÁ) DE BRÓCOLIS PICADO

25 G OU ¼ DE XÍCARA (CHÁ) DE CEBOLA ROXA CORTADA EM CUBINHOS

½ COLHER (CHÁ) DE SAL MARINHO FINO

UMA PITADA DE PIMENTA-DO-REINO MOÍDA

1 COLHER (SOPA) DE ESTRAGÃO FRESCO OU SECO

CALDO

1 LIMÃO-TAITI SEM CASCA E SEM A PARTE BRANCA

70 G OU ¼ DE XÍCARA (CHÁ) DE MISSÔ

250 G OU 1 ½ TOMATE MÉDIO CORTADO EM CUBOS GRANDES

500 ML OU 2 XÍCARAS (CHÁ) DE ÁGUA QUENTE

Tempere todos os legumes com o sal, a pimenta-do-reino e o estragão, antes de colocá-los sobre a grelha. Desidrate-os a 40 °C por 1 hora.

No liquidificador, bata todos os ingredientes sólidos do caldo até obter uma pasta líquida e uniforme. Despeje numa tigela e acrescente a água quente. Misture bem com o batedor (fouet).

Distribua os legumes entre as tigelas de servir e despeje o caldo por cima.

Os legumes mencionados podem ser substituídos por qualquer outro, conforme o gosto.

Conserva-se 3 dias na geladeira separada em dois recipientes herméticos (legumes e caldo).

Salada de Natal

PREPARO 15 MINUTOS
PORÇÕES 4

- 1 KG DE COUVE (CERCA DE 40 TALOS COM FOLHAS)
- 1 ½ COLHER (CHÁ) DE SAL MARINHO
- ½ COLHER (CHÁ) DE COMINHO
- UMA PITADA DE PIMENTA-DO-REINO MOÍDA
- 2 ½ COLHERES (SOPA) DE VINAGRE BALSÂMICO
- 60 ML OU ¼ DE XÍCARA (CHÁ) DE AZEITE DE OLIVA
- 500 G OU ½ COUVE-FLOR MÉDIA CORTADA EM RAMINHOS
- 200 G OU 1 ½ XÍCARA (CHÁ) DE PIMENTÃO VERMELHO CORTADO EM TIRAS
- 25 G OU ¼ DE CEBOLA ROXA CORTADA EM FATIAS BEM FINAS
- 2 COLHERES (SOPA) DE PINOLI

Tire os talos da couve com as mãos e reserve-os para uma receita de suco. Corte as folhas em tiras finas.

Polvilhe ½ colher (chá) de sal marinho sobre a couve para amaciá-la. Reserve.

Com a ajuda do batedor (fouet), misture o restante do sal, o cominho, a pimenta-do-reino, o vinagre balsâmico e o azeite.

Em uma saladeira, misture a couve, o molho e o restante dos ingredientes.

Aconselha-se preparar a salada com 1 ou 2 horas de antecedência. Assim, a couve solta água e deixa a salada mais saborosa.

Conserva-se por 5 dias na geladeira em recipiente hermético.

Flor de tabule

PREPARO 20 MINUTOS
PORÇÕES 4
MATERIAL PROCESSADOR

500 G OU ½ COUVE-FLOR MÉDIA RALADA NO PROCESSADOR

200 G OU 1 XÍCARA (CHÁ) DE TOMATES CORTADOS EM CUBINHOS

150 G OU 3 XÍCARAS (CHÁ) DE SALSINHA FRESCA FINAMENTE PICADA

50 G OU ½ XÍCARA (CHÁ) CHEIA DE CEBOLA ROXA PICADA

5 FOLHAS DE HORTELÃ FRESCA FINAMENTE PICADAS

½ COLHER (SOPA) DE SAL MARINHO

UMA PITADA DE PIMENTA-DO-REINO MOÍDA

2 COLHERES (SOPA) DE SUCO DE LIMÃO-SICILIANO

1 COLHER (SOPA) DE AZEITE DE OLIVA

1 DENTE DE ALHO OU 1 COLHER (CHÁ) DE PASTA DE ALHO (VER P. 25)

Em uma saladeira, misture todos os ingredientes.

Conserva-se por 5 dias na geladeira em recipiente hermético.

ÁGUA

Água é vida!

A desidratação talvez represente o estado de mal-estar mais comum e menos percebido no planeta. Muitas situações desagradáveis do ponto de vista físico poderiam ser resolvidas se simplesmente pensássemos em beber um grande copo d'água. É o tipo de solução que todo mundo conhece, mas poucas pessoas aplicam. Além do mais, é preciso ter água boa...

Que água escolher? Em primeiro lugar, devemos evitar beber água obtida diretamente da torneira por causa do alto teor de cloro, cobre, produtos farmacêuticos e, em alguns lugares, de flúor. Também devemos evitar beber água de garrafas de plástico em razão do teor de ftalato (produto químico que garante a maleabilidade e a rigidez) do plástico. Hoje sabemos que o ftalato é redutor da fertilidade e atrofiador testicular.

Portanto, o filtro de água pode ser necessário especialmente para quem vive na cidade. Existem diversos dispositivos e tecnologias para filtrar a água, cujo custo varia muito. Nosso conselho: evite os filtros de osmose reversa, que são muito poluentes, e escolha filtros de carvão ou gravitacionais.

Recomendamos, a quem tiver a oportunidade, encher garrafas diretamente em alguma fonte cuja água tenha sido testada. Não há nada mais maravilhoso do que arrumar tempo para passar um domingo na montanha e beber água de uma fonte pura, mineral. Iniciamos várias pessoas nesse ritual, e todas perceberam a diferença: bebem mais água e, desde então, voltam para se reabastecer na fonte!

A melhor água? Aquela contida nas frutas e legumes frescos e orgânicos. Essa água viva e estruturada vai saber nutrir as suas células. Especialmente alface, pepino, melancia e salsão, que contêm 98% de água. Uma verdadeira fonte da juventude!

Salada Waldorf

PREPARO 20 MINUTOS
PORÇÕES 4

- 500 G OU 4 MAÇÃS CORTADAS EM CUBOS
- 2 COLHERES (SOPA) DE SUCO DE LIMÃO-SICILIANO
- 250 G OU 8 TALOS DE SALSÃO CORTADOS EM CUBOS
- 35 G OU 1/3 DE XÍCARA (CHÁ) DE CEBOLINHA PICADA
- 100 G OU 1 XÍCARA (CHÁ) DE OLEAGINOSAS PICADAS GROSSEIRAMENTE
- 180 G OU 3/4 DE XÍCARA (CHÁ) DE QUEIJO DE CASTANHA-DE-CAJU (VER P. 97)
- 2 COLHERES (SOPA) DE SALSINHA FRESCA PICADA
- 1/4 DE COLHER (CHÁ) DE PIMENTA-DO-REINO MOÍDA
- 1/2 COLHER (CHÁ) DE SAL MARINHO
- 1 MIOLO DE ALFACE CORTADO EM TIRAS

Coloque parte do suco de limão-siciliano sobre as maçãs cortadas para evitar que escureçam.

Em uma saladeira, misture todos os ingredientes, exceto a alface.

Distribua a alface no fundo de cada prato e despeje por cima o preparado.

Conserva-se por 3 dias na geladeira em recipiente hermético.

ADUBAÇÃO

O adubo é o alimento da terra

A terra nos alimenta graças a seus frutos. Uma terra sem alimento, sem adubo, aos poucos perde seus minerais. O ciclo da natureza é implacável. Qualquer jardineiro consciente sabe que é melhor cuidar da terra para que ela sustente plantas saudáveis.

O empobrecimento dos solos, o desflorestamento e a perda de terras cultiváveis são hoje uma catástrofe silenciosa com repercussão direta em nossa alimentação, cada vez mais desprovida de nutrientes. Ironicamente, a agricultura tradicional tenta compensar a fraqueza dos plantios usando pesticidas, herbicidas e adubos químicos. Esses produtos causam uma destruição ainda maior, enfraquecem o sistema imunológico das plantas, que, por sua vez, tornam-se ainda mais vítimas dos insetos; essa reação em cadeia leva à utilização ainda maior de pesticidas.

Assim, o adubo é um tesouro: a chave para revalorizar a terra já esgotada. É por esse motivo que devemos incentivar uma agricultura humana, sensível e orgânica. Ao devolver retalhos de alimentos à terra, completamos o ciclo da vida.

Além do mais, ao adubar, constatamos uma diminuição de 90% dos nossos resíduos destinados aos aterros. Graças à reciclagem, ao adubo e à compra de produtos frescos sem embalagem, produzimos menos lixo! Informe-se sobre coletas de adubo na sua cidade, e, se elas ainda não existirem, peça que sejam criadas.

Salada frutada

PREPARO **20 MINUTOS**
PORÇÕES **4**
RENDIMENTO **4 PRATOS OU REFEIÇÕES**
MATERIAL **FATIADOR (MANDOLINE OU ESPIRAL)**

- 1 BELO PÉ DE ALFACE CORTADO EM TIRAS
- 35 G OU 1/3 DE XÍCARA (CHÁ) DE RÚCULA
- 1 1/2 ABOBRINHA LIMPA E CORTADA EM ESPAGUETE
- 1/4 DE BULBO DE ERVA-DOCE, CORTADO EM LÂMINAS FINAS COM O FATIADOR
- 1 1/2 LARANJA EM GOMOS
- 1 RECEITA DE CONSERVA DE FIGOS E DAMASCOS COM LIMÃO-TAITI (VER ABAIXO)
- 120 G OU 2 XÍCARAS (CHÁ) DE BROTOS DE TREVO
- 125 ML OU 1/2 XÍCARA (CHÁ) DE MOLHO UMEBOSHI (VER ABAIXO)

Misture a alface e a rúcula. Disponha as folhas no fundo de cada prato.

Distribua as frutas e legumes cortados sobre as folhas. Coloque no centro o trevo e, por cima, uma bola compacta (¼ da receita) da conserva de figos e damascos com limão-taiti.

Termine a montagem dos pratos com a rúcula.

Regue o molho na hora de servir.

Conserva de figo e damasco com limão

- 2 COLHERES (SOPA) DE SUCO DE LIMÃO-SICILIANO
- 2 COLHERES (SOPA) DE SUCO DE LIMÃO-TAITI
- RASPAS DE 1/2 LIMÃO-SICILIANO
- RASPAS DE 1/2 LIMÃO-TAITI
- 2 COLHERES (CHÁ) DE ÓLEO DE GIRASSOL
- 1 COLHER (SOPA) DE GENGIBRE PICADO
- 70 G OU 1/3 DE XÍCARA (CHÁ) DE FIGOS SECOS SEM CABINHO CORTADOS EM TIRAS
- 80 G OU 1/3 DE XÍCARA (CHÁ) DE DAMASCOS SECOS CORTADOS EM TIRAS
- 4 COLHERES (CHÁ) DE ÁGUA
- UMA PITADA DE PIMENTA-DO-REINO MOÍDA
- 1/2 COLHER (CHÁ) DE SAL MARINHO

PREPARO **5 MINUTOS**
MACERAÇÃO **8 HORAS**
RENDIMENTO **250 ML OU 1 XÍCARA (CHÁ)**

Despeje todos os ingredientes em uma tigela e misture com as mãos.

Coloque o preparo na geladeira, deixando marinar pelo menos por 8 horas ou uma noite.

Conserva-se por 2 semanas na geladeira em recipiente hermético.

Molho de umeboshi

- 2 COLHERES (SOPA) DE PASTA DE AMEIXA UMEBOSHI
- 125 ML OU 1/2 XÍCARA (CHÁ) DE VINAGRE DE KOMBUCHÁ OU 80 ML OU 1/3 DE XÍCARA (CHÁ) DE VINAGRE DE MAÇÃ
- 60 ML OU 1/4 DE XÍCARA (CHÁ) DE MOLHO TAMARI (SEM TRIGO) OU SHOYU PROBIÓTICO CRU
- 125 ML OU 1/2 XÍCARA (CHÁ) DE AZEITE DE OLIVA
- 125 ML OU 1/2 XÍCARA (CHÁ) DE ÁGUA
- 1 1/2 COLHER (CHÁ) DE ÓLEO DE GERGELIM TORRADO

PREPARO **10 MINUTOS**
RENDIMENTO **CERCA DE 500 ML OU 2 XÍCARAS (CHÁ)**
MATERIAL **LIQUIDIFICADOR**

Coloque todos os ingredientes no liquidificador e bata até obter um molho homogêneo.

Conserva-se por 1 mês na geladeira em recipiente hermétio.

Salada cremosa

PREPARO **20 MINUTOS**
PORÇÕES **4**

320 G DE CENOURA RALADA (4 CENOURAS)

625 G OU 5 XÍCARAS (CHÁ) DE REPOLHO CORTADO EM TIRAS

25 G OU ¼ DE XÍCARA (CHÁ) DE CEBOLA EM LÂMINAS FINAS

250 ML OU 1 XÍCARA (CHÁ) DE MOLHO DE MOSTARDA E AGAVE (VER ABAIXO)

½ COLHER (CAFÉ) DE SAL MARINHO

½ COLHER (CAFÉ) DE PIMENTA-DO-REINO MOÍDA

Em uma saladeira, misture todos os ingredientes com as mãos.

Esta salada fica mais saborosa se marinada. Assim, é aconselhável prepará-la com 1 ou 2 horas de antecedência.

Conserva-se por 5-7 dias na geladeira em recipiente hermético.

---

75 G OU ½ XÍCARA (CHÁ) DE CASTANHAS-DE-CAJU

125 ML OU ½ XÍCARA (CHÁ) DE AZEITE DE OLIVA

125 ML OU ½ XÍCARA (CHÁ) DE ÓLEO DE GIRASSOL

80 ML OU ⅓ DE XÍCARA (CHÁ) DE VINAGRE DE MAÇÃ

60 ML OU ¼ DE XÍCARA (CHÁ) DE XAROPE DE AGAVE

1 COLHER (SOPA) DE MOSTARDA CASEIRA (VER P. 162) OU MOSTARDA FORTE

1 DENTE DE ALHO OU 2 COLHERES (CHÁ) DE PASTA DE ALHO (VER P. 25)

2 COLHERES (CHÁ) DE SAL MARINHO

Molho de mostarda e agave

DEMOLHA **4 HORAS**
PREPARO **10 MINUTOS**
RENDIMENTO **875 ML OU 3 ½ XÍCARAS (CHÁ)**
MATERIAL **LIQUIDIFICADOR**

Deixe as castanhas-de-caju de molho durante 4 horas e então escorra. Descarte a água da demolha.

Bata todos os ingredientes no liquidificador até obter um molho uniforme e cremoso.

Conserva-se por 2 semanas na geladeira em recipiente hermético.

Salada César

PREPARO **5 MINUTOS**
PORÇÃO **REFEIÇÃO PARA 1 PESSOA**

1 MIOLO DE ALFACE-ROMANA CORTADO

1 COLHER (SOPA) DE ALCAPARRAS

2 COLHERES (SOPA) DE TOMATES SECOS PICADOS

3 COLHERES (SOPA) DE MOLHO CÉSAR (VER ABAIXO)

1 COLHER (SOPA) DE CRUMESÃO (VER P. 161)

20 G OU 1/4 DE XÍCARA (CHÁ) DE CROÛTONS (VER ABAIXO)

Em uma saladeira, misture a alface, as alcaparras e os tomates secos com o molho César.

Coloque o preparado em um prato, complete com croûtons e crumesão.

Esta salada deve ser servida bem fresca.

Molho César

150 G OU 1 XÍCARA (CHÁ) DE CASTANHAS-DE-CAJU

250 ML OU 1 XÍCARA (CHÁ) DE ÁGUA

2 COLHERES (SOPA) DE SUCO DE LIMÃO-SICILIANO

1/2 DENTE DE ALHO OU 1/2 COLHER (CAFÉ) DE PASTA DE ALHO (VER P. 25)

1 COLHER (SOPA) DE MOSTARDA CASEIRA (VER P. 162) OU DE MOSTARDA FORTE

1 COLHER (CHÁ) DE SAL MARINHO

1/2 COLHER (CHÁ) DE PIMENTA-DO-REINO MOÍDA

DEMOLHA **4 HORAS**
PREPARO **10 MINUTOS**
RENDIMENTO **435 ML OU 1 3/4 XÍCARA (CHÁ)**
MATERIAL **LIQUIDIFICADOR**

Deixe as castanhas-de-caju de molho durante 4 horas. Escorra bem e descarte a água da demolha.

Bata metade da água e o restante dos ingredientes no liquidificador até obter um molho espesso e homogêneo, sem pedaços de castanha-de-caju.

Acrescente o restante da água e misture para obter um molho cremoso e uniforme.

Conserva-se por 2 semanas na geladeira em recipiente hermético.

Croûtons

100 G OU 1 XÍCARA DE LINHAÇA MOÍDA

250 G DE POLPA DE OLEAGINOSA FRESCA (A POLPA QUE FICA NO COADOR APÓS FAZER O LEITE)

100 G OU 1/2 ABOBRINHA CORTADA EM CUBOS

2 COLHERES (SOPA) DE AZEITE DE OLIVA

1 COLHER (SOPA) DE LEVEDURA ALIMENTAR

1 1/4 COLHER (CHÁ) DE SAL MARINHO

1 COLHER (CHÁ) DE MANJERICÃO SECO

1 COLHER (CHÁ) DE SÁLVIA SECA

1 COLHER (CHÁ) DE MANJERONA SECA

1 COLHER (CHÁ) DE COMINHO EM PÓ

1 COLHER (CHÁ) DE CHILI EM PÓ

1/4 DE COLHER (CHÁ) DE ORÉGANO SECO

1/4 DE COLHER (CHÁ) DE ALHO EM PÓ

1/2 COLHER (CHÁ) DE PIMENTA-DO-REINO MOÍDA

PREPARO **15 MINUTOS**
DESIDRATAÇÃO **12 HORAS**
RENDIMENTO **CERCA DE 200 CROÛTONS**
MATERIAL **DESIDRATADOR**

Em uma tigela, misture todos os ingredientes com as mãos até obter uma pasta uniforme.

Em uma tábua grande, espalhe o preparado até formar uma panqueca de 6 mm de espessura.

Com uma faca, corte essa panqueca em quadrados de 1,5 cm.

Separe e espalhe os quadrados sobre as grelhas de desidratador.

Regule a temperatura em 40 ºC e deixe por 12 horas. Os croûtons devem ficar completamente secos e crocantes.

Conserva-se por 2 meses na geladeira em recipiente hermético.

Salada grega com feta

PREPARO 15 MINUTOS
PORÇÕES 4

300 G OU 2 XÍCARAS (CHÁ) DE PEPINO CORTADO EM CUBOS GRANDES DE 2 CM

380 G OU 2 ½ TOMATES MÉDIOS CORTADOS EM CUBOS GRANDES DE 2 CM

140 G OU 3/4 DE ABOBRINHA MÉDIA CORTADA EM CUBOS GRANDES DE 2 CM

280 G OU 2 XÍCARAS (CHÁ) DE PIMENTÃO VERMELHO CORTADO EM CUBOS GRANDES DE 2 CM

50 G OU ½ XÍCARA (CHÁ) DE CEBOLA ROXA CORTADA EM RODELAS

2 COLHERES (SOPA) CHEIAS DE SALSINHA FRESCA PICADA GROSSEIRAMENTE

60 G OU ½ XÍCARA (CHÁ) CHEIA DE ENDRO FRESCO FINAMENTE PICADO

45 G OU 1/4 DE XÍCARA (CHÁ) DE AZEITONAS PRETAS GREGAS INTEIRAS SEM CAROÇO

125 ML OU ½ XÍCARA (CHÁ) DE MOLHO GREGO (VER ABAIXO)

QUATRO PUNHADOS DE ESPINAFRE

24 PEDAÇOS DE QUEIJO FETA-COCO (VER AO LADO)

25 G OU 1 XÍCARA (CHÁ) DE AGRIÃO

Em uma saladeira, misture os cubos de legumes, as ervas picadas e o molho grego.

Para servir, faça um leito de espinafre no prato e coloque a salada por cima.

Acrescente 6 cubos de queijo feta-coco em cada prato.

Conserva-se por 4 dias na geladeira em recipiente hermético.

---

2 COLHERES (SOPA) DE SUCO DE LIMÃO-SICILIANO

3/4 DE DENTE DE ALHO OU 1/4 DE COLHER (SOPA) DE PASTA DE ALHO (VER P. 25)

125 ML OU ½ XÍCARA (CHÁ) DE ÓLEO DE GIRASSOL

125 ML OU ½ XÍCARA (CHÁ) DE VINAGRE DE MAÇÃ

125 ML OU ½ XÍCARA (CHÁ) DE AZEITE DE OLIVA

1 COLHER (CHÁ) DE XAROPE DE AGAVE

1 COLHER (CHÁ) DE SAL MARINHO

1 COLHER (SOPA) DE ESTRAGÃO

½ COLHER (CHÁ) DE MANJERICÃO

½ COLHER (CHÁ) DE SALSINHA SECA

½ COLHER (CAFÉ) DE ORÉGANO

½ COLHER (CAFÉ) DE TOMILHO

UMA PITADA (CHÁ) DE PIMENTA-DE-CAIENA EM PÓ

Molho grego

PREPARO 10 MINUTOS
RENDIMENTO 190 ML OU 1 ½ XÍCARA (CHÁ)

No liquidificador ou com a ajuda do batedor (fouet), bata todos os ingredientes até obter um molho líquido e homogêneo.

Uma vez na geladeira, os ingredientes deste molho costumam se separar; portanto, misture-os novamente antes de utilizá-lo.

Conserva-se por 2 semanas na geladeira em recipiente hermético.

Queijo feta-coco

PREPARO 15 MINUTOS
RENDIMENTO 120 CUBOS DE FETA
MATERIAL PROCESSADOR OU LIQUIDIFICADOR

Ingredientes

- 70 G OU 1/2 XÍCARA (CHÁ) DE CASTANHAS-DO-PARÁ
- 4 COLHERES (CHÁ) DE SUCO DE LIMÃO-SICILIANO
- 225 G DE MANTEIGA (OU ÓLEO) DE COCO EM TEMPERATURA AMBIENTE
- 60 ML OU 1/4 DE XÍCARA (CHÁ) DE ÁGUA
- 1 COLHER (SOPA) DE AZEITE DE OLIVA
- 4 COLHERES (CHÁ) DE VINAGRE DE MAÇÃ
- 4 COLHERES (CHÁ) DE LEVEDURA ALIMENTAR
- 1 COLHER (CHÁ) DE SAL MARINHO
- 1 COLHER (CHÁ) DE MANJERICÃO SECO
- 1 COLHER (CHÁ) DE SALSINHA SECA
- 1/2 COLHER (CHÁ) DE ORÉGANO SECO
- 1/2 COLHER (CHÁ) DE TOMILHO SECO
- UMA PITADA DE PIMENTA-DE-CAIENA EM PÓ

Modo de preparo

No processador, triture as castanhas-do-pará até conseguir uma manteiga, bem líquida e cremosa.

Acrescente o restante dos ingredientes e bata até obter uma pasta uniforme.

Espalhe o preparo em uma camada de 1 cm de espessura em um ou vários pratos fundos.

Deixe na geladeira por 3 horas para que fique firme.

Corte em cubos de 2 cm antes de desenformar o feta.

Conserva-se por 2 semanas na geladeira em recipiente hermético.

Salada Madras

PREPARO 15 MINUTOS
PORÇÕES 4
MATERIAL LIQUIDIFICADOR

500 G OU 6 CENOURAS MÉDIAS RALADAS

500 G OU ½ COUVE-FLOR MÉDIA CORTADA EM RAMINHOS

50 G OU ¼ CEBOLA ROXA MÉDIA CORTADA EM TIRAS FINAS

30 G OU ½ XÍCARA (CHÁ) CHEIA DE COENTRO FINAMENTE PICADO

35 G OU ¼ DE XÍCARA (CHÁ) DE UVAS-PASSAS ESCURAS

2 COLHERES (SOPA) DE GERGELIM PRETO

Despeje os legumes, o molho indiano cremoso (ver abaixo) e os demais ingredientes em uma tigela e misture com as mãos, para que os temperos envolvam bem os legumes.

Conserva-se por 4-5 dias na geladeira em recipiente hermético.

---

60 ML OU ¼ DE XÍCARA (CHÁ) DE TAHINE (PASTA DE GERGELIM) OU MANTEIGA DE CASTANHA-DE-CAJU CRUA, SE POSSÍVEL

2 COLHERES (SOPA) DE ÓLEO DE GIRASSOL

2 COLHERES (SOPA) DE SAL MARINHO

2 COLHERES (SOPA) DE VINAGRE DE MAÇÃ

1 COLHER (CHÁ) DE CÚRCUMA

1 ½ COLHER (CHÁ) DE COENTRO EM PÓ

1 COLHER (CHÁ) DE COMINHO EM PÓ

2 COLHERES (CHÁ) DE CURRY

½ COLHER (CHÁ) DE GENGIBRE EM PÓ

½ COLHER (CHÁ) DE PIMENTA-DO-REINO MOÍDA

Molho indiano cremoso

No liquidificador, bata todos os ingredientes até obter um molho cremoso.

Salada polinésia

PREPARO 10 MINUTOS
PORÇÕES 4

600 G OU OITO PUNHADOS DE RÚCULA OU MINIESPINAFRE

125 ML OU ½ XÍCARA (CHÁ) DE MOLHO ASIÁTICO (VER ABAIXO)

200 G DE POLPA DE COCO VERDE

2 A 4 COLHERES (CHÁ) DE FLOCOS DE PIMENTA SECOS E TRITURADOS

200 G OU 2 XÍCARAS (CHÁ) DE ERVILHA-TORTA CORTADA EM TIRAS FINAS

2 COLHERES (SOPA) DE SUCO DE LIMÃO-TAITI

200 G OU 4 PERAS CORTADAS EM LÂMINAS

30 G OU ½ XÍCARA (CHÁ) DE FOLHAS DE COENTRO GROSSEIRAMENTE PICADAS

½ COLHER (CHÁ) DE SAL MARINHO

½ COLHER (CHÁ) DE GENGIBRE FINAMENTE PICADO

2 KIWIS FATIADOS EM QUARTOS

Misture a rúcula com o molho asiático. Distribua as folhas no fundo dos pratos de servir.

Em uma saladeira, misture os demais ingredientes. Coloque uma porção do preparo no centro do leito de rúcula.

Conserva-se por 2-3 dias na geladeira em recipiente hermético.

---

250 ML OU 1 XÍCARA (CHÁ) DE ÓLEO DE GIRASSOL

2 COLHERES (SOPA) DE SHOYU PROBIÓTICO CRU

1 COLHER (SOPA) DE GENGIBRE PICADO OU 1 COLHER (SOPA) DE SUCO DE GENGIBRE (VER P. 25)

2 COLHERES (SOPA) DE SUCO DE LIMÃO-SICILIANO

3 DENTES DE ALHO PICADOS OU 1 COLHER (SOPA) DE PASTA DE ALHO (VER P. 25)

120 ML OU ½ XÍCARA (CHÁ) DE ÁGUA

1 COLHER (CHÁ) DE XAROPE DE AGAVE

1 COLHER (CHÁ) DE COENTRO EM PÓ

½ COLHER (CHÁ) DE ÓLEO DE GERGELIM TORRADO

UMA PITADA DE SAL MARINHO

30 G OU ½ XÍCARA (CHÁ) CHEIA DE COENTRO FRESCO GROSSEIRAMENTE PICADO

Molho asiático

PREPARO 10 MINUTOS
RENDIMENTO 400 ML OU 1 ½ XÍCARA (CHÁ)
MATERIAL PROCESSADOR

Coloque todos os ingredientes, exceto o coentro fresco, no processador e bata até obter um molho homogêneo.

Acrescente o coentro e bata rapidamente, usando o botão "pulsar", para conservar pequenos pedaços das folhas.

Conserva-se por 2 semanas na geladeira em recipiente hermético

Rémoulade

PREPARO 10 MINUTOS
PORÇÕES 4

1 COLHER (CHÁ) DE MOSTARDA CASEIRA (VER P. 162) OU DE MOSTARDA FORTE

80 ML OU 1/3 DE XÍCARA (CHÁ) DE MOLHO DE ALHO COM ALCAPARRAS (VER P. 166)

2 COLHERES (SOPA) DE ÓLEO DE GIRASSOL

2 COLHERES (SOPA) DE ALCAPARRAS GROSSEIRAMENTE PICADAS

1 COLHER (SOPA) DE SUCO DE LIMÃO

1/2 COLHER (CHÁ) DE SAL MARINHO

1/4 DE COLHER (CHÁ) DE PIMENTA-DO-REINO MOÍDA

500 G OU 5 XÍCARAS (CHÁ) DE NABO RALADO

Com a ajuda do batedor (fouet), misture todos os ingredientes, exceto o nabo, até obter um molho uniforme.

Despeje o nabo em uma saladeira. Acrescente o molho e misture.

Conserva-se 4-7 dias na geladeira em recipiente hermético.

Pepinos à Annette

PREPARO 5 MINUTOS
PORÇÕES 4

RASPAS DE 2 LIMÕES

15 G OU 1/4 DE XÍCARA (CHÁ) CHEIA DE ENDRO FRESCO GROSSEIRAMENTE PICADO

2 COLHERES (SOPA) DE AZEITE DE OLIVA

2 COLHERES (CHÁ) DE VINAGRE BALSÂMICO

25 G OU 1/4 DE CEBOLA ROXA PEQUENA CORTADA EM TIRAS FINAS

1 COLHER (SOPA) DE SUCO DE LIMÃO-SICILIANO

1 COLHER (CHÁ) DE SAL MARINHO

1 COLHER (CHÁ) DE PIMENTA-DO-REINO MOÍDA

600 G OU 2 PEPINOS MÉDIOS CORTADOS EM QUARTOS

Coloque todos os ingredientes, exceto os pepinos, em uma saladeira e misture com a ajuda do batedor (fouet) até obter um molho uniforme.

Acrescente os pepinos e misture de novo. Esta salada fica mais saborosa se descansar 20 minutos antes de ser degustada.

Conserva-se por 3 dias na geladeira em recipiente hermético.

Salada Bloody César

PREPARO **15 MINUTOS**
PORÇÕES **4**

750 G OU 3 PÉS DE ALFACE-ROMANA
CORTADA EM PEDAÇOS

225 G OU 1 BETERRABA (GRANDE) RALADA

100 G OU ½ CEBOLA ROXA CORTADA EM
TIRAS FINAS

75 G OU ½ PIMENTÃO VERMELHO
CORTADO EM CUBOS

1 ½ COLHER (CHÁ) DE SEMENTES
DE SALSÃO

75 G OU ¾ DE XÍCARA (CHÁ) DE
BAGAS DE GOJI

190 ML OU Đ ¾ DE XÍCARA (CHÁ) DE MOLHO
GREGO (VER P. 66)

120 G OU 30 PEDAÇOS DE QUEIJO
FETA-COCO (VER P. 67)

50 G OU ½ XÍCARA (CHÁ) DE TOMATES
SECOS FINAMENTE PICADOS

60 G OU ½ XÍCARA (CHÁ) DE SEMENTES DE
CÂNHAMO SEM CASCA

Em uma saladeira, misture a alface, as beterrabas, a cebola, o pimentão vermelho e as sementes de salsão com o molho grego.

Nos pratos de servir, despeje o preparado e acrescente o feta-coco, os tomates secos picados e as sementes de cânhamo.

Consumir em seguida.

EQUILÍBRIO ÁCIDO-BÁSICO

O corpo humano é um ecossistema.

Assim como o planeta Terra, nosso corpo tem rios, estações, chuvas ácidas e gases de efeito estufa. Como parte integrante da natureza, nosso corpo funciona de acordo com as mesmas leis. Consideramos que cada gesto, cada movimento, cada gota d'água afeta o ecossistema tanto no plano do macrocosmo quanto do microcosmo, a célula.

Assim como o oceano, o corpo dispõe de barômetros de temperatura e de taxas de sal e de minerais bem precisas. Muitos se lembram das aulas de física, em que se aprendia pela primeira vez como observar o pH (potencial de hidrogênio) de uma solução. Para outros, o pH lembra as verificações semanais da piscina ou do banho de hidromassagem. Todo elemento químico possui um pH preciso, ácido ou alcalino. O homem, assim como as plantas e os animais, tem um pH alcalino de cerca de 7,38.

Para conservar esse estado no qual a homeostasia está no auge, o corpo precisa de minerais, de oxigênio e de movimento. A estagnação dos líquidos linfáticos ou intersticiais, a falta de minerais na alimentação ou um momento de estresse afetarão o equilíbrio ácido-básico do corpo. Assim, a adrenalina, o cortisol e a contração muscular se tornam agentes acidulantes vinculados ao estresse, que podem prejudicar a saúde de forma muito mais rápida do que um hambúrguer ou um refrigerante.

A respiração profunda, a coerência cardiorrespiratória e a atividade física aeróbica podem alcalinizar mais do que um suco verde. Porém, o que acontece quando um indivíduo aposta todas as suas fichas no seu bem-estar – modo de vida descontraído, atitude aberta, atividade física diária, alimentos repletos de minerais e de oxigênio? Aí temos o que chamamos "estar plenamente vivo"!

Salada colorida com laranja

PREPARO 15 MINUTOS
PORÇÕES 4

500 G OU 2 BULBOS MÉDIOS DE ERVA-DOCE CORTADOS EM LÂMINAS FINAS

50 G OU 1/3 DE PIMENTÃO VERMELHO CORTADO EM LÂMINAS FINAS

4 LARANJAS EM GOMOS

1/4 DE COLHER (CHÁ) DE ESSÊNCIA DE LARANJA OU RASPAS DE LARANJA

2 COLHERES (SOPA) DE AZEITE DE OLIVA

1/2 COLHER (CHÁ) DE SAL MARINHO

1/2 COLHER (CHÁ) DE SUCO DE LIMÃO-SICILIANO

2 ABACATES EM CUBOS

1 COLHER (SOPA) DE COENTRO EM PÓ

120 G OU 1 XÍCARA (CHÁ) DE COENTRO FRESCO GROSSEIRAMENTE PICADO

OPCIONAL

5 G OU 1 COLHER (SOPA) CHEIA DE ALGA ARAMÊ, DEIXADA 5 MINUTOS DE MOLHO NA ÁGUA

Misture todos os ingredientes em uma saladeira.

Se quiser, enfeite o prato com alga aramê.

Consumir em seguida.

OS AÇÚCARES

A clorofila é a criadora primária do açúcar.

A partir da energia do Sol, ela transforma o carbono e a água em moléculas de glicose. Trata-se de um processo inacreditável e fundamental da vida!

Graças a esses carboidratos a natureza se constrói. De fato, a celulose que forma a árvore não é senão uma longa cadeia de glicose, também chamada de polissacarídeos. Portanto, uma maçã ou uma batata-doce representa uma reserva de energia solar transformada pela clorofila e armazenada em uma planta, para ela sobreviver ao inverno ou atrair um animal faminto que vai espalhar as sementes.

O açúcar simples que encontramos na maçã nunca dura muito tempo na natureza e vai ser consumido rapidamente por um animal ou bactérias. O mesmo acontece no corpo humano. Uma vez no sangue, a glicose deve ser rapidamente transformada pelo fígado em glicogênio, principal alimento das células. O excedente de glicose, por sua vez, é transformado em reserva de gordura. Essa gordura, sendo uma matéria mais fácil de armazenar e menos perigosa para o organismo, pode se tornar glicogênio, e combustível, se necessário.

Assim, entendemos que o sobrepeso catastrófico nos Estados Unidos não é causado pela gordura, mas pelo açúcar. Os sucos de fruta pasteurizados, os refrigerantes, os pães e as massas são açúcares transformados, refinados e, consequentemente, engordam porque são consumidos em quantidades altas demais.

Por outro lado, os açúcares naturais e crus são essenciais para nossa alimentação. Encontram-se nas frutas e nos legumes, em que são completados por vitaminas e fibras. São digeridos lentamente e oferecem sua energia de forma saudável.

Assim, uma maçã é perfeita se for consumida do jeito que é: contém muitos nutrientes. Por outro lado, se transformada em suco pasteurizado, será digerida rápido demais. As preciosas fibras estão ausentes, e como elas servem para reter e disseminar devagar a frutose, o suco pasteurizado aumenta a glicemia de forma muito mais rápida e desequilibra a homeostase.

Salada lúmen

DEMOLHA **10 A 15 MINUTOS**
PREPARO **15 MINUTOS**
PORÇÕES **4**
MATERIAL **DESCASCADOR DE LEGUMES E TESOURA**

20 G OU ¼ DE XÍCARA (CHÁ) CHEIA DE ALGA ARAMÊ SECA (RENDE ¾ DE XÍCARA, UMA VEZ UMIDIFICADA)

20 G OU ¼ DE XÍCARA (CHÁ) CHEIA DE ALGA WAKAMÊ SECA CORTADA EM QUADRADOS GRANDES (RENDE ½ XÍCARA DE CHÁ, UMA VEZ UMIDIFICADA)

300 G OU 3 CENOURAS MÉDIAS SEM CASCA E FATIADAS EM LÂMINAS FINAS

100 G OU 1 XÍCARA (CHÁ) DE BUQUÊS PEQUENOS DE BRÓCOLIS

1 COLHER (CHÁ) DE ÓLEO DE GERGELIM TORRADO

1 COLHER (SOPA) DE SUCO DE LIMÃO-SICILIANO

2 COLHERES (CHÁ) DE GERGELIM PRETO

2 COLHERES (CHÁ) DE GERGELIM BRANCO

1 ½ COLHER (SOPA) DE SHOYU PROBIÓTICO CRU

½ COLHER (CHÁ) DE XAROPE DE AGAVE

UMA PITADA DE PIMENTA-DO-REINO MOÍDA

UMA PITADA DE PIMENTA-DE-CAIENA EM PÓ

50 G OU ⅓ DE ALHO-PORÓ FINAMENTE FATIADO

Deixe as algas (aramê e wakamê) de molho em 250 ml ou 1 xícara (chá) de água durante 10 a 15 minutos (tempo suficiente para preparar o restante dos ingredientes). A água da demolha não será utilizada nesta receita, mas pode ser guardada para fazer uma sopa.

Enxugue as algas antes de colocá-las em uma saladeira. Acrescente o restante dos ingredientes e misture.

Conserva-se por 4 dias na geladeira em recipiente hermético.

Salada asteca

DEMOLHA **8 À 12 HORAS**
PREPARO **10 MINUTOS**
GERMINAÇÃO **12 HORAS**
PORÇÕES **4**

200 G OU 4 TALOS DE SALSÃO CORTADOS NA DIAGONAL

1 PIMENTÃO VERMELHO MÉDIO CORTADO EM CUBOS

150 G OU 1 XÍCARA (CHÁ) DE GRÃOS DE MILHO (EQUIVALE A 2 ESPIGAS DEBULHADAS)

100 G OU 1 XÍCARA (CHÁ) DE VAGEM-MANTEIGA CORTADA NA DIAGONAL

65 G OU 1/3 DE XÍCARA (CHÁ) DE QUINOA SECA GERMINADA POR 24 HORAS

15 G OU 1/4 DE XÍCARA (CHÁ) CHEIA DE COENTRO FRESCO FINAMENTE PICADO

3 COLHERES (SOPA) DE MOLHO CHIPOTLE (VER ABAIXO)

40 G OU 1/4 DE XÍCARA (CHÁ) DE CEBOLINHA PICADA

2 dias antes

Para germinar a quinoa: deixe-a de molho por uma noite (de 8 a 12 horas) na água; escorra, e então deixe germinar ao ar livre por 12 horas, enxaguando 2 ou 3 vezes durante o dia (ver técnica de germinação na p. 20).

No dia

Misture todos os ingredientes em uma saladeira.

Conserva-se 3-4 dias na geladeira em recipiente hermético.

---

10 G DE PIMENTAS CHIPOTLES SECAS (2 MÉDIAS)

6 TÂMARAS SEM CAROÇO OU 65 G OU 1/4 XÍCARA (CHÁ) DE PASTA DE TÂMARA (VER P. 25)

120 ML OU 1/2 XÍCARA (CHÁ) DE ÓLEO DE GIRASSOL

2 COLHERES (CHÁ) DE SUCO DE LIMÃO-SICILIANO

1 DENTE DE ALHO OU 1 COLHER (CHÁ) DE PASTA DE ALHO (VER P. 25)

5 COLHERES (SOPA) DE VINAGRE DE MAÇÃ

2 COLHERES (SOPA) CHEIA DE COENTRO FRESCO PICADO

120 ML OU 1/2 XÍCARA (CHÁ) DE ÁGUA (PODE SER A ÁGUA DA DEMOLHA DAS PIMENTAS CHIPOTLES)

1/2 COLHER (CHÁ) DE SAL MARINHO

25 G OU 1/2 XÍCARA (CHÁ) DE SEMENTES DE GIRASSOL MOÍDAS

Molho chipotle

DEMOLHA **DE 30 MINUTOS A 1 NOITE**
PREPARO **10 MINUTOS**
RENDIMENTO **CERCA DE 500 ML OU 2 XÍCARAS (CHÁ)**
MATERIAL **LIQUIDIFICADOR**

Cubra as pimentas chipotles com água e deixe de molho (de preferência por 8 horas) até amolecê-las. Para um molho mais picante, utilize a água da demolha na receita. Também é possível tirar as sementes das pimentas para deixá-las menos picantes, sem alterar o gosto.

Coloque todos os ingredientes, exceto as sementes de girassol moídas, no liquidificador e bata até obter um líquido homogêneo.

Incorpore as sementes de girassol moídas e volte a bater até obter um molho liso e cremoso.

Conserva-se por 2 semanas na geladeira em recipiente hermético.

Salada Crudessence

DEMOLHA **ALGUNS MINUTOS**
PREPARO **10 MINUTOS**
PORÇÕES **4**
MATERIAL **LIQUIDIFICADOR**

- 1 BETERRABA CORTADA EM ESPAGUETE COM O FATIADOR ESPIRAL (OPCIONAL)
- 1 ALFACE GRANDE CORTADA EM PEDAÇOS
- 12 BISCOITOS DE BETERRABA OU TOMATE SECO (VER P. 121 E 122)
- 60 G OU ½ XÍCARA (CHÁ) DE CHUCRUTE (VER P. 103)
- 55 G OU 1 XÍCARA (CHÁ) DE MIX BUDA (VER P. 125)
- 115 G OU ½ XÍCARA (CHÁ) DE HOMUS DO SOL (VER P. 86)
- 60 G OU ½ XÍCARA (CHÁ) DE CENOURA RALADA
- 1 ABACATE CORTADO EM FATIAS
- 1 TOMATE CORTADO EM GOMOS
- 90 G OU 1 ⅓ XÍCARA (CHÁ) DE BROTO DE TREVO
- 190 ML OU ¾ DE XÍCARA (CHÁ) DE MOLHO ESCOLHIDO CONFORME O GOSTO

Em um recipiente grande, coloque água fria e deixe de molho os espaguetes de beterraba. Reserve.

Sobre um leito de alface, espalhe, sem misturar, o restante dos ingredientes antes de finalizar com os brotos de trevo. Sirva o molho em um recipiente separado.

Enxágue bastante as beterrabas até que não soltem mais cor na água. Seque-as antes de utilizá-las para decorar o prato.

OS CINCO SABORES

Doce, salgado, ácido, amargo e picante.

Essa é a base dos sabores primários, a base sobre a qual se sustenta nossa obra. Assim como o pintor utiliza as cores primárias para criar uma infinidade de cores, os cozinheiros da Crudessence usam os sabores primários para criar uma infinidade de sabores. Basta aplicar esses cincos sabores na tela alimentar com um pouco de inspiração para obter obras-primas. Assim, a expressão culinária se torna muito mais criativa.

Você há de convir que é mais fácil trabalhar com cinco sabores do que com 100.000 ingredientes. Além do mais, não é necessário refletir para classificá-los... Simplesmente, use a sua língua! Assim, você vai descobrir que alguns ingredientes possuem vários sabores equilibrados em uma harmonia característica, delicada.

Por exemplo, o homus, popular no Oriente-Médio, contém os cinco sabores da paleta do grão-de-bico: tahine = amargo; limão = ácido; alho + páprica = picante; sal = salgado; grão-de-bico = doce. Quer se trate do guacamole do México na paleta de abacate ou de um molho italiano clássico na paleta do azeite, o princípio dos cinco sabores é inquestionável.

Portanto, você pode substituir um dos ingredientes propostos nestas receitas por outro que corresponda ao mesmo sabor. Assim, nossas receitas vão acabar sendo as suas...

Homus do sol

DEMOLHA **8 HORAS**
PREPARO **15 MINUTOS**
PORÇÕES **4**
RENDIMENTO **CERCA DE 750 ML OU 3 XÍCARAS (CHÁ)**
MATERIAL **LIQUIDIFICADOR**

- 100 G OU 2/3 DE XÍCARA (CHÁ) DE AMÊNDOAS COM PELE
- 250 G OU 2 XÍCARAS (CHÁ) DE ABOBRINHA SEM CASCA GROSSEIRAMENTE CORTADA
- 200 G OU 3/4 DE XÍCARA (CHÁ) DE TAHINE (PASTA DE GERGELIM), CRU SE POSSÍVEL
- 1 DENTE DE ALHO OU 1 COLHER (CHÁ) DE PASTA DE ALHO (VER P. 25)
- 6 COLHERES (SOPA) DE SUCO DE LIMÃO-SICILIANO
- 2 COLHERES (SOPA) DE AZEITE DE OLIVA
- 2 COLHERES (CHÁ) DE COMINHO
- 1 ½ COLHER (CHÁ) DE SAL MARINHO
- ¼ DE COLHER (CHÁ) DE PIMENTA-DO-REINO MOÍDA

Deixe as amêndoas de molho durante 8 horas e depois enxágue cuidadosamente. Descarte a água da demolha.

Coloque todos os ingredientes no liquidificador e bata até obter um patê cremoso e liso.

Experimente este patê com legumes crus, saladas, biscoitos ou sanduíches.

Conserva-se por 3-4 dias na geladeira em recipiente hermético.

Terrina de noz-pecã com endro

DEMOLHA **8 HORAS**
DEMOLHA **20 MINUTOS**
PORÇÕES **4**
RENDIMENTO CERCA DE 580 ML OU 2 ⅓ XÍCARAS (CHÁ)
MATERIAL PROCESSADOR

135 G OU 1 XÍCARA (CHÁ) DE SEMENTES DE GIRASSOL

70 G OU ⅔ DE XÍCARA (CHÁ) DE NOZES-PECÃS

2 COLHERES (SOPA) DE VINAGRE DE MAÇÃ

2 COLHERES (SOPA) DE SUCO DE LIMÃO-SICILIANO

60 ML OU ¼ DE XÍCARA (CHÁ) DE ÓLEO DE GIRASSOL

2 COLHERES (SOPA) DE ÁGUA

25 G OU ½ XÍCARA (CHÁ) CHEIA DE ENDRO FRESCO GROSSEIRAMENTE PICADO

1 DENTE DE ALHO MÉDIO OU 1 COLHER (CHÁ) DE PASTA DE ALHO (VER P. 25)

1 COLHER (CHÁ) DE SAL MARINHO

Deixe as sementes de girassol e as nozes-pecãs de molho por 8 horas. Escorra e descarte a água da demolha.

No processador, bata as nozes-pecãs até obter uma pasta.

Acrescente o restante dos ingredientes e misture até obter um preparado cremoso e liso.

Experimente este patê com legumes crus, saladas, biscoitos ou sanduíches.

Conserva-se por 3-4 dias na geladeira em recipiente hermético.

Tapenade

DEMOLHA **8 HORAS**
PREPARO **15 MINUTOS**
PORÇÕES **4**
RENDIMENTO **CERCA DE 500 ML OU 2 XÍCARAS (CHÁ)**
MATERIAL **PROCESSADOR**

90 G OU 2/3 DE XÍCARA (CHÁ) DE SEMENTES DE GIRASSOL

150 G OU 1 XÍCARA (CHÁ) CHEIA DE AZEITONAS TIPO AZAPA SEM CAROÇO

1/2 DENTE DE ALHO MÉDIO OU 1 1/2 COLHER (CHÁ) DE PASTA DE ALHO (VER P. 25)

40 G OU 1/3 DE XÍCARA (CHÁ) DE CEBOLA ROXA GROSSEIRAMENTE PICADA

2 COLHERES (SOPA) DE ÓLEO DE GIRASSOL

2 COLHERES (SOPA) DE VINAGRE BALSÂMICO

2 COLHERES (SOPA) DE SUCO DE LIMÃO-SICILIANO

40 G OU 1/4 DE XÍCARA (CHÁ) DE SEMENTES DE GIRASSOL MOÍDAS

2 COLHERES (SOPA) DE ORÉGANO FRESCO PICADO

12 G OU 1/4 DE XÍCARA (CHÁ) CHEIA DE SALSINHA PICADA

Deixe as sementes de girassol de molho por 8 horas e então escorra e enxágue bastante. Descarte a água da demolha.

Coloque todos os ingredientes no processador, exceto as sementes de girassol moídas, o orégano e a salsinha picada, e triture até obter um patê cremoso e liso.

Acrescente as sementes de girassol moídas e bata mais 1 minuto até obter um preparado homogêneo.

Despeje a tapenade no recipiente de servir e incorpore com as mãos as ervas frescas.

Experimente este patê com legumes crus, saladas, biscoitos ou sanduíches.

Conserva-se por 3-4 dias na geladeira em recipiente hermético.

Ricota de macadâmia

PREPARO 10 MINUTOS
RENDIMENTO 350 G OU 1 2/3 XÍCARA (CHÁ)
MATERIAL PROCESSADOR

- 220 G OU 1 1/3 XÍCARA (CHÁ) DE MACADÂMIAS
- 2 COLHERES (SOPA) DE SUCO DE LIMÃO-SICILIANO
- 80 ML OU 1/3 DE XÍCARA (CHÁ) DE ÁGUA
- 1/2 COLHER (CHÁ) DE SAL MARINHO
- UMA PITADA DE PIMENTA-DO-REINO MOÍDA
- 1/4 DE DENTE DE ALHO OU 1/4 DE COLHER (CHÁ) DE PASTA DE ALHO (VER P. 25)

No processador, triture as macadâmias.

Acrescente os demais ingredientes e bata alguns segundos para criar a emulsão. A ricota vai ficar branca e cremosa, com pedaços crocantes.

Experimente este patê com legumes crus, saladas, biscoitos ou sanduíches.

Conserva-se por 2 semanas na geladeira em recipiente hermético.

AS PROTEÍNAS

Como alguns de vocês já perceberam, com frequência os vegetarianos têm que responder a algumas perguntas sobre proteínas: "Tem certeza de que ingere proteínas em quantidade suficiente?". Essa pergunta é ainda mais frequente quando se pratica a alimentação viva!

Se examinarmos de perto, o leite materno, único combustível com o qual o recém-nascido pode crescer de forma saudável e ver seu peso quadruplicar em alguns meses, contém apenas 6% de proteínas.

Um gorila, mamífero musculoso para o qual, aparentemente, não faltam proteínas, consome 50% de folhas verdes, 35% de frutas e 15% de outras raízes, tubérculos, favas, e uma ínfima quantidade de mosquitos. Em resumo, é crudívoro e vegetariano.

De fato, a proteína, elemento nutricional de cuja carência nossa sociedade tem um enorme medo, simplesmente é uma grande cadeia de ácidos aminados. Para assimilar as proteínas, o corpo precisa romper essa cadeia com a ajuda de enzimas digestivas e sucos gástricos. Trata-se de um processo trabalhoso, que requer muita energia. Após serem simplificados até o tamanho de componentes microscópicos, os aminoácidos são absorvidos pelos intestinos para depois serem reconstituídos em proteína humana, usada para várias funções, como a criação de fibra muscular, enzimas, hormônios ou células.

Finalmente, o mundo vegetal contém proteínas suficientes para atender às necessidades do atleta ou da mãe que amamenta. O trunfo é simples: a variedade! Legumes folhosos verdes, como a couve ou o espinafre, assim como os brotos de girassol e as lentilhas germinadas, são campeões em aminoácidos. Além do mais, a espirulina, o pólen de abelha, as sementes de cânhamo, o trigo-sarraceno, as sementes de abóbora e a clorela são fontes de proteínas completas.

Patê mexicano

DEMOLHA **8 A 12 HORAS**
PREPARO **15 MINUTOS**
PORÇÕES **4**
RENDIMENTO **CERCA DE 750 ML OU 3 XÍCARAS (CHÁ)**
MATERIAL **PROCESSADOR**

- 270 G OU 2 XÍCARAS (CHÁ) DE SEMENTES DE GIRASSOL
- 2 G OU 1 PIMENTA CHIPOTLE SECA BEM PEQUENA
- 40 G OU ½ XÍCARA (CHÁ) DE TOMATES SECOS
- 190 ML OU ¾ DE XÍCARA (CHÁ) DE ÁGUA
- 9 G OU 1 COLHER (SOPA) DE PIMENTA JALAPEÑO SEM SEMENTES CORTADA GROSSEIRAMENTE
- ¼ DE DENTE DE ALHO OU ¼ DE COLHER (CHÁ) DE PASTA DE ALHO (VER P. 25)
- 15 G OU ¼ DE XÍCARA (CHÁ) CHEIA DE COENTRO GROSSEIRAMENTE PICADO
- 1 COLHER (CHÁ) DE SUCO DE LIMÃO-SICILIANO
- 1 COLHER (CHÁ) DE CHILI EM PÓ
- ¼ DE COLHER (CHÁ) DE SAL MARINHO

Deixe as sementes de girassol de molho por 8 horas. Escorra bem e reserve a água da demolha. Isso rende 450 g ou 3 xícaras (chá) de sementes.

Cubra a pimenta chipotle com água e deixe de molho pelo menos por 15 minutos (ou até 12 horas). Descarte a água da demolha.

Deixe os tomates secos de molho em 190 ml ou ¾ de xícara (chá) de água pelo menos por 15 minutos (ou até 12 horas). Reserve a água da demolha.

Coloque todos os ingredientes no processador (inclusive a água da demolha das sementes de girassol e dos tomates secos) e bata até obter uma pasta uniforme.

Experimente este patê com legumes crus, saladas, biscoitos ou sanduíches.

Conserva-se por 3-4 dias na geladeira em recipiente hermético.

Patê fóton

DEMOLHA **8 HORAS**
PREPARO **20 MINUTOS**
PORÇÕES **4**
RENDIMENTO **CERCA DE 500 ML OU 2 XÍCARAS (CHÁ)**
MATERIAL **PROCESSADOR**

PATÊ
135 G OU 1 XÍCARA (CHÁ) DE SEMENTES DE GIRASSOL
35 G OU 1/3 DE XÍCARA (CHÁ) DE NOZES
1 COLHER (SOPA) DE MOLHO TAMARI (SEM TRIGO)
15 G OU 1/4 DE XÍCARA (CHÁ) DE ALGAS MARINHAS EM FLOCOS OU CORTADAS EM PEDAÇOS BEM PEQUENOS COM UMA TESOURA.

LEGUMES MESCLADOS
125 G OU 2 A 3 TALOS DE SALSÃO CORTADOS EM PEDAÇOS PEQUENOS
15 G OU 2 COLHERES (SOPA) DE CEBOLINHA, ECHALOTA OU CEBOLA ROXA FINAMENTE PICADA
2 COLHERES (SOPA) DE ENDRO FINAMENTE PICADO

Deixe as sementes de girassol e as nozes de molho por 8 horas. Escorra bem e descarte a água da demolha.

No processador, bata os ingredientes do patê até obter uma pasta uniforme.

Em uma saladeira, misture o patê, os legumes cortados e mesclados e a maionese (ver abaixo).

Experimente este patê com legumes crus, saladas, biscoitos ou sanduíches.

Conserva-se por 3 dias na geladeira em recipiente hermético.

---

75 G OU 1/2 XÍCARA (CHÁ) DE CASTANHAS-DE-CAJU
1 1/2 DENTE DE ALHO OU 1 1/2 COLHER (CHÁ) DE PASTA DE ALHO (VER P. 25)
2 COLHERES (SOPA) DE SUCO DE LIMÃO-SICILIANO
1 COLHER (SOPA) DE MOSTARDA CASEIRA (VER P. 162) OU DE MOSTARDA FORTE
85 G OU 1/2 XÍCARA (CHÁ) DE MACADÂMIAS
60 ML OU 1/4 DE XÍCARA (CHÁ) DE ÁGUA
1/4 DE COLHER (CHÁ) DE SAL MARINHO

Maionese

DEMOLHA **4 HORAS**
RENDIMENTO **1 XÍCARA**
MATERIAL **LIQUIDIFICADOR**

Deixe as castanhas-de-caju de molho por 4 horas e escorra bem. Descarte a água da demolha.

No liquidificador, bata todos os ingredientes da maionese até obter um molho cremoso e sem pedaços de castanha. Acrescente água, se for necessário.

Conserva-se por 3-4 dias na geladeira em recipiente hermético.

Patê silvestre

DEMOLHA **8 HORAS**
PREPARO **15 MINUTOS**
PORÇÕES **4**
RENDIMENTO **625 ML OU 2 ½ XÍCARAS (CHÁ)**
MATERIAL **PROCESSADOR**

- 135 G DE SEMENTES DE GIRASSOL
- 70 G OU ⅔ DE XÍCARA (CHÁ) DE NOZES
- 100 G OU 1 XÍCARA (CHÁ) CHEIA DE TALOS DE COGUMELOS-DE-PARIS OU COGUMELOS-DE-PARIS FRESCOS EM PEDAÇOS
- 15 G OU ¼ DE XÍCARA (CHÁ) CHEIA DE ENDRO GROSSEIRAMENTE PICADO
- 2 COLHERES (SOPA) DE SHOYU PROBIÓTICO CRU OU DE MOLHO TAMARI (SEM TRIGO)
- 1 DENTE DE ALHO OU 1 COLHER (CHÁ) DE PASTA DE ALHO (VER P. 25)
- ¼ DE COLHER (CHÁ) DE SAL MARINHO
- ½ COLHER (CHÁ) DE PIMENTA-DO-REINO MOÍDA

Deixe as sementes de girassol e as nozes de molho durante 8 horas. Escorra bem e descarte a água da demolha.

No processador, bata as nozes até formar uma pasta; coloque um pouco de água, se necessário.

Acrescente o restante dos ingredientes e misture até obter um preparado cremoso e liso.

Este patê serve para rechear os chapéus de cogumelos (ver p. 135). Experimente esta receita também com legumes crus, saladas, biscoitos ou sanduíches.

Conserva-se por 4 dias na geladeira em recipiente hermético.

OS JARDINS DA CIDADE

Por sermos idealistas e um tanto revolucionários, sempre sonhamos com uma cidade verdejante, repleta de árvores e telhados cobertos por plantas. Não plantas e árvores decorativas, mas plantas nutritivas e funcionais e árvores frutíferas. O alimento e a cura crescendo na cidade!

Os moradores de Cuba, diante da escassez de alimentos em virtude do embargo americano, provaram que, graças ao esforço comum, esse sonho pode se tornar realidade. Conseguiram a façanha de utilizar cada pequeno canto de terra para cultivar legumes, plantar árvores, criar algumas galinhas e, dessa forma, retorna a autonomia do ponto de vista alimentar.

Graças a esses quintais privados, aos jardins comunitários, aos telhados verdes comestíveis e aos múltiplos projetos universitários, esse sonho comum está se concretizando em Montreal, no Canadá. O Palácio dos Congressos, no centro da cidade, nos ofereceu centenas de metros quadrados para cultivarmos legumes e ervas finas. Em Quebec, o projeto da Crudessence, em parceria com a Alternatives, é o primeiro projeto de jardim no telhado com fins de abastecimento alimentar. É uma experiência que precisa ser cultivada! Além do mais, as plantas não apenas alimentam os cidadãos, mas também contribuem para refrescar a cidade, eliminando os polos de calor, reduzindo os gases de efeito estufa e proporcionando o retorno das abelhas.

Pesto de pistache com manjericão

DEMOLHA **4 HORAS**
PREPARO **15 MINUTOS**
RENDIMENTO **375 ML OU 1 ½ XÍCARA (CHÁ)**
MATERIAL **LIQUIDIFICADOR**

75 G OU ½ XÍCARA (CHÁ) DE PISTACHES

50 G OU ⅓ DE XÍCARA (CHÁ) DE CASTANHAS-DE-CAJU

60 G OU 1 XÍCARA (CHÁ) CHEIA DE MANJERICÃO FRESCO

1 ½ DENTE DE ALHO OU ½ COLHER (SOPA) DE PASTA DE ALHO (VER P. 25)

125 ML OU ½ XÍCARA (CHÁ) DE AZEITE DE OLIVA

½ COLHER (CHÁ) DE SAL MARINHO

Deixe os pistaches e as castanhas-de-caju de molho por 4 horas. Escorra bem.

No liquidificador, bata todos os ingredientes até obter uma pasta cremosa e untuosa.

Conserva-se por uma semana na geladeira em recipiente hermético ou por 6 meses no freezer.

Queijo de castanha-de-caju

DEMOLHA 4 HORAS
PREPARO 20 MINUTOS
FERMENTAÇÃO 12 HORAS
RENDIMENTO CERCA DE 500 ML OU 2 XÍCARAS (CHÁ)
MATERIAL LIQUIDIFICADOR

300 G OU 2 XÍCARAS (CHÁ) DE CASTANHAS-DE-CAJU

180 ML OU 3/4 DE XÍCARA (CHÁ) DE ÁGUA

1 ½ COLHER (SOPA) DE MISSÔ OU 2 COLHERES (SOPA) DE QUEIJO DE CASTANHAS-DE-CAJU JÁ FERMENTADO

1 ½ COLHER (CHÁ) DE ÓLEO DE COCO DERRETIDO

1 COLHER (SOPA) DE SUCO DE LIMÃO

¼ DE COLHER (CHÁ) DE SAL MARINHO

Deixe as castanhas-de-caju de molho por 4 horas. Escorra bem e descarte a água da demolha.

Coloque as castanhas-de-caju, a água e o missô no liquidificador. Bata tudo até obter um creme liso e homogêneo.

Despeje a mistura numa saladeira e cubra com filme de PVC. Por se tratar de uma fermentação sem ar, o filme deve encostar no queijo.

Deixe fermentar por 12 horas em temperatura ambiente.

Uma vez fermentado, incorpore com uma espátula o óleo de coco, o suco de limão e o sal marinho.

Este queijo pode ser consumido ao natural ou com ervas frescas, ou ainda utilizado no preparo do falso cheesecake (ver p. 200)

Conserva-se por 10 dias na geladeira em recipiente hermético.

AS ENZIMAS

Esses pequenos seres vivos são muito populares no mundo do crudivorismo, porém, às vezes mal compreendidos.

As enzimas são proteínas funcionais que existem na natureza em milhares de formas. Verdadeiras catalisadoras de processos bioquímicos, elas possibilitam a aceleração da digestão dos alimentos e participam diretamente da construção dos tecidos. Existem enzimas metabólicas e enzimas digestivas.

Há quem afirme que um alimento poupado do cozimento mantém todas as suas enzimas, as quais vão digerir o alimento no estômago. Trata-se de meia verdade. De fato, o calor destrói a vida enzimática, portanto cozinhar os alimentos impede que aproveitemos plenamente os seus efeitos. Por outro lado, após a digestão, a enzima será destruída em razão da acidez do estômago (pH 3) e transformada em aminoácidos. "Então, é inútil comer cru", você vai dizer!

Pesquisas do dr. Gabriel Cousens confirmam, no entanto, que as enzimas contidas em um alimento serão úteis durante a primeira hora de digestão, quando o ambiente do estômago é mais amigável (pH 5). Além do mais, as enzimas digeridas, transformadas em aminoácidos, têm mais qualidade do que as enzimas destruídas pelo cozimento.

Na cozinha de nossos restaurantes, as enzimas são o fogo da vida, nos ajudam a transformar os alimentos antes de ingeri-los. De fato, a demolha, a germinação e a fermentação são a arte de utilizar o poder das enzimas fora do nosso corpo. Esses microcozinheiros realizam um grande trabalho, que auxilia a nossa digestão.

Kefir

PREPARO 20 MINUTOS
FERMENTAÇÃO 2 DIAS
RENDIMENTO 2 LITROS OU 8 XÍCARAS (CHÁ)
MATERIAL RECIPIENTE DE VIDRO DE 2 LITROS, UM PEDAÇO DE PANO FINO OU TULE

- 80 ML OU 1/3 DE XÍCARA (CHÁ) DE XAROPE DE AGAVE (OU DE AÇÚCAR COMUM, OU ORGÂNICO)
- 1,75 LITRO OU 7 XÍCARAS (CHÁ) DE ÁGUA
- 50 G OU 1/4 DE XÍCARA (CHÁ) DE GRÃOS DE KEFIR
- 1 LIMÃO-SICILIANO CORTADO EM RODELAS
- 4 FIGOS SECOS OU OUTRA FRUTA SECA À SUA ESCOLHA

PARA SABER ONDE ENCONTRAR GRÃOS DE KEFIR NO BRASIL, ACESSE WWW.KEFIR.50WEBS.ORG OU WWW.KEFIR.COM.BR

No recipiente de vidro, dissolva o açúcar na água.

Acrescente os grãos de kefir, as rodelas de limão e os figos secos.

Cubra com um pano fino e prenda com elástico ou barbante (o pano deixa passar o ar, mas não a poeira). Armazene em temperatura ambiente (18-25 °C), protegido da luz. Deixe fermentar por 2 dias. O kefir estará pronto quando os figos subirem à superfície. Durante a fermentação, forma-se um depósito branco natural, resultado da proliferação dos grãos de kefir.

Peneire em coador não metálico para recuperar os grãos. Enxágue-os bem, pois podem ser usados em um novo kefir ou conservados em água com açúcar, na geladeira.

Descarte as frutas secas e esprema as fatias de limão na bebida.

O kefir está pronto para ser consumido ou engarrafado e colocado na geladeira para interromper a fermentação.

Quando fermentado por um único dia, o kefir é pouco laxativo; fermentado por 2 ou 3 dias, fica repleto de probióticos.

Conserva-se por 4 dias na geladeira em recipiente hermético.

Kombuchá

PREPARO 20 MINUTOS
FERMENTAÇÃO 10-15 DIAS
RENDIMENTO 4 LITROS OU 16 XÍCARAS (CHÁ)
MATERIAL RECIPIENTE DE VIDRO PARA 4 LITROS, COLHER DE MADEIRA, PEDAÇO DE PANO FINO OU TULE

3 COLHERES (SOPA) OU 4 SAQUINHOS DE CHÁ A GOSTO (PRETO OU VERDE SÃO OS MAIS EFICIENTES GRAÇAS À ALTA CONCENTRAÇÃO DE TANINO)

3 COLHERES (SOPA) OU 4 SAQUINHOS DE CHÁ DE ERVAS A GOSTO

500 ML OU 2 XICARAS (CHÁ) DE ÁGUA FERVENTE

120-180 G OU 3/4 DE XÍCARA (CHÁ) DE AÇÚCAR (DE PREFERÊNCIA MASCAVO OU COMUM ORGÂNICO)

3 LITROS OU 12 XÍCARAS (CHÁ) DE ÁGUA (FILTRADA, DE PREFERÊNCIA)

350 ML OU 1 1/2 XÍCARA DE "BASE" DE KOMBUCHÁ PRONTA

1 CULTURA MÃE DE KOMBUCHÁ

Em uma chaleira, deixe macerar o chá preto (ou verde) e o chá de ervas na água fervente.

Filtre e despeje o preparado em um recipiente de vidro para 4 litros. Acrescente o açúcar e misture até dissolver.

Acrescente a água fria e os 350 ml de base. Quando a mistura estiver em temperatura ambiente, acrescente a cultura mãe. Misture sem parar com colher de madeira ou plástico (metal é nocivo para a cultura). Também é importante lavar bem as mãos antes de qualquer contato com a cultura mãe. Deixe 10% de espaço vazio no recipiente para que haja circulação do ar.

Cubra com pano fino, prenda com elástico ou barbante (o pano deixa passar o ar, mas não a poeira). Armazene em lugar seco e limpo em temperatura superior a 18 °C (o ideal é entre 23-26 °C).

Deixe fermentar por 10-15 dias, conforme a temperatura, a quantidade de açúcar e a vitalidade da cultura. Experimente o preparado. A cada etapa, é possível acrescentar açúcar, os chás, água ou ainda mais base.

Quando o teor de acidez estiver bom, engarrafe em recipientes de vidro e feche hermeticamente. Etiquete e date as garrafas. Conserve alguns dias em temperatura ambiente para criar a efervescência. Prove de novo até que os níveis de efervescência, açúcar e acidez estejam bons.

Em seguida, mantenha as garrafas na geladeira. Isso interrompe a fermentação e garante a conservação do kombuchá sem alteração.

Conserva-se por 6 meses na geladeira em vidro hermético.

O KOMBUCHÁ

O elixir da longa vida.

Ao contrário da crença popular segundo a qual se trata de um cogumelo, o kombuchá na verdade é uma cultura bacteriana complexa, composta de seis leveduras e seis bactérias. Dessa interação resulta uma pasta gelatinosa chamada "mãe de kombuchá" ou "cultura mãe".

Originário da China, esse elixir, obtido pela fermentação do açúcar e do chá, facilita a digestão, fortalece o sistema imunológico e representa uma excelente fonte de probióticos e ácidos orgânicos.

Chucrute

PREPARO 30 MINUTOS
FERMENTAÇÃO 21 DIAS
RENDIMENTO 2 VIDROS DE 500 ML

1,25 KG OU 1 1/2 REPOLHO BRANCO CORTADO EM LÂMINAS

25 G OU CERCA DE 1 1/2 COLHER (SOPA) DE SAL MARINHO

2 COLHERES (SOPA) DE BAGAS DE ZIMBRO

2 FOLHAS DE LOURO

Em uma saladeira grande, misture todos os ingredientes durante alguns minutos.

Soque bem a mistura em um recipiente ou em vários vidros previamente esterilizados. É preciso apertar com as mãos até que o repolho esteja coberto por sua própria água, para retirar todo o ar do recipiente. O vidro deve ficar o mais cheio possível. O chucrute é uma fermentação anaeróbica (sem oxigênio): o repolho deve ficar completamente imerso. Os pedaços que ficarem na superfície correm o risco de mofar. Nesse caso, basta descartá-los, já que o restante do chucrute não será afetado.

Coloque a tampa sem fechar hermeticamente e ponha um peso em cima.

Armazene os vidros de chucrute dentro de um recipiente maior ou sobre um prato fundo, para conter o líquido que transbordar durante a fermentação. Mantenha protegido da luz direta, mas em lugar arejado.

Deixe fermentar por 21 dias, entre 18-24 °C; a rapidez da fermentação vai depender da temperatura de armazenamento.

Depois de 21 dias, prove. Se o chucrute ainda estiver salgado demais, deixe fermentar por mais 72 horas. Quando estiver pronto, leve à geladeira para interromper a fermentação.

Independentemente da quantidade produzida, o segredo do chucrute está no respeito à seguinte proporção: o peso do sal deve ser igual a 2% do peso do repolho. Também é possível substituir ⅓ do repolho branco por repolho roxo para obter um chucrute roxo. Os temperos podem ser trocados a gosto e também é possível acrescentar outros legumes.

Conserva-se por 6 meses na geladeira em vidro hermético.

Kimchi

PREPARO 20 MINUTOS
FERMENTAÇÃO 3-4 DIAS
RENDIMENTO 2 VIDROS DE 500 ML

50 G OU 1/4 DE XÍCARA (CHÁ) DE SAL MARINHO

1 LITRO OU 4 XÍCARAS (CHÁ) DE ÁGUA MORNA

1 ACELGA GRANDE CORTADA EM LÂMINAS

1 NABO MÉDIO CORTADO EM TIRAS FINAS

1/2 COLHER (CHÁ) DE PIMENTA-DE-CAIENA EM PÓ

5 CEBOLINHAS CORTADAS EM DIAGONAL

2 DENTES DE ALHO PICADOS BEM FINO OU 2 COLHERES (CHÁ) DE PASTA DE ALHO (VER P. 25)

35 G OU 1/4 DE XÍCARA (CHÁ) DE GENGIBRE RALADO

1-3 COLHERES (SOPA) DE FLOCOS DE CHILI TRITURADOS

2 COLHERES (SOPA) DE XAROPE DE AGAVE

1 COLHER (CHÁ) DE ÓLEO DE GERGELIM TORRADO

Em uma saladeira, dissolva o sal na água morna. Acrescente as tiras de acelga e de nabo. Deixe macerar por 3-4 horas.

Escorra e enxágue a acelga e o nabo na água corrente para retirar o excesso de sal.

Coloque em uma tigela e adicione os demais ingredientes. Misture bem.

Despeje a mistura em um vidro grande previamente esterilizado. É preciso apertar com as mãos até que a mistura fique coberta por sua própria água, para retirar todo o ar do vidro. O recipiente deve estar o mais cheio possível; complete com água, se necessário.

Coloque a tampa sem fechar hermeticamente e ponha um peso em cima.

Armazene os vidros de kimchi dentro de um recipiente maior ou sobre um prato fundo, para conter a água que transbordar durante a fermentação. Mantenha protegido da luz direta, mas em lugar arejado. Deixe marinar no mínimo por 3-4 dias antes de consumir, mas não mais do que 7 dias. Leve à geladeira para interromper a fermentação.

Conserva-se por 6 meses na geladeira em recipiente hermético.

Iogurte de castanha-de-caju

DEMOLHA **4 HORAS**
PREPARO **30 MINUTOS**
FERMENTAÇÃO **8 HORAS**
RENDIMENTO **375 ML OU 1 ½ XÍCARA (CHÁ)**
MATERIAL **LIQUIDIFICADOR, DESIDRATADOR OU IOGURTEIRA, PANELA**

110 G OU 3/4 DE XÍCARA (CHÁ) DE CASTANHAS-DE-CAJU

310 ML OU 1 ¼ XÍCARA DE ÁGUA

3 COLHERES (SOPA) DE XAROPE DE AGAVE

5 G OU 1 SACHÊ DE FERMENTO PARA IOGURTE, OU 60 G OU ¼ DE XÍCARA DE IOGURTE JÁ FERMENTADO (OU UM IOGURTE PROBIÓTICO COMPRADO EM LOJA DE ALIMENTOS NATURAIS). OS IOGURTES COMUNS NÃO SÃO ATIVOS.

½ COLHER (CAFÉ) DE ÁGAR-ÁGAR

2 COLHERES (SOPA) DE ÁGUA

2 COLHERES DE ÓLEO DE COCO DERRETIDO

Deixe as castanhas-de-caju de molho por 4 horas, e então escorra e enxágue. Descarte a água da demolha.

No liquidificador, bata as castanhas-de-caju, a água e o xarope de agave até obter um creme untuoso.

Acrescente o fermento para iogurte ou o iogurte já fermentado e misture até incorporar.

Coloque a mistura em um recipiente de vidro de 500 ml (o vidro deve ficar de pé no desidratador), ou divida entre dois vidros menores. Feche hermeticamente com filme de PVC. Circunde e fixe o PVC com o aro de metal do vidro, ou com uma fita adesiva, para garantir que fique bem preso.

Coloque no desidratador a 40 °C por 8 horas.

Em uma panela, coloque a água e o ágar-ágar, e deixe ferver.

Enquanto isso, coloque o iogurte no liquidificador e incorpore o óleo de coco derretido sem parar de bater.

Um ou dois minutos após a mistura de água com ágar-ágar começar a ferver, ela deve ter uma textura um tanto pegajosa e cor branca. Misture bem e despeje no liquidificador, batendo, para incorporar rapidamente.

Leve o iogurte à geladeira e deixe endurecer por 1 hora.

O princípio fundamental da fermentação do iogurte consiste em deixar a temperatura do leite de castanhas-de-caju entre 28-40 °C, conforme a cultura (base) escolhida. Abaixo dessa temperatura, a fermentação não pode acontecer. Acima, as bactérias morrem por causa do calor.

É possível fazer iogurte sem o material sugerido, em um lugar com temperatura mínima de 28 °C.

Conserva-se por 1 semana na geladeira em recipiente hermético.

Almôndegas sem carne

DEMOLHA **8 HORAS**
PREPARO **30 MINUTOS**
DESIDRATAÇÃO **CERCA DE 12 HORAS**
RENDIMENTO **22 ALMÔNDEGAS**
MATERIAL **PROCESSADOR, DESIDRATADOR**

- 220 G OU 1 ¼ XÍCARA (CHÁ) DE SEMENTES DE GIRASSOL INTEIRAS
- 2 COLHERES (SOPA) DE ÓLEO DE GIRASSOL
- 2 COLHERES (SOPA) DE VINAGRE DE MAÇÃ
- 1 COLHER (CHÁ) DE MOLHO TAMARI SEM TRIGO
- 50 G OU ⅓ DE XÍCARA (CHÁ) DE CENOURA RALADA
- 25 G OU ⅓ DE XÍCARA (CHÁ) DE SALSÃO CORTADO EM CUBINHOS
- 1 DENTE DE ALHO OU 1 COLHER (CHÁ) DE PASTA DE ALHO (VER P. 25)
- 35 G OU ⅓ DE XÍCARA (CHÁ) DE CEBOLA FINAMENTE PICADA
- 15 G OU ¼ DE XÍCARA (CHÁ) DE SALSINHA PICADA
- 1 COLHER (SOPA) DE CHILI EM PÓ
- 3 COLHERES (SOPA) DE LEVEDURA NUTRICIONAL
- ½ COLHER (CHÁ) DE SAL MARINHO
- ½ COLHER (CHÁ) DE PIMENTA-DO-REINO MOÍDA
- 40 G OU 6 COLHERES (SOPA) DE SEMENTES DE GIRASSOL MOÍDAS

Deixe as sementes de girassol inteiras de molho por 8 horas. Escorra e descarte a água da demolha.

No processador, misture as sementes de girassol hidratadas, o óleo, o vinagre e o molho tamari até obter uma pasta. Reserve.

No processador, pique bem as cenouras e o salsão. Use o botão "pulsar", para não reduzir os legumes a um purê.

Coloque numa saladeira a pasta de girassol e os demais ingredientes, e misture com as mãos até ficar uniforme.

Faça pequenas almôndegas com 1 ½ colher (sopa) da mistura. Unte as mãos se necessário.

Espalhe as almôndegas em uma grelha e desidrate a 40 °C por 12 horas.

As almôndegas devem ficar duras por fora e macias por dentro.

Conservam-se por 5-7 dias na geladeira em recipiente hermético.

Falafel vivo

DEMOLHA **8 HORAS**
PREPARO **30 MINUTOS**
DESIDRATAÇÃO **CERCA DE 10 HORAS**
PORÇÕES **18 UNIDADES**
MATERIAL **PROCESSADOR, DESIDRATADOR**

- 30 G OU 3 COLHERES (SOPA) DE GERGELIM
- 100 G OU 1 XÍCARA (CHÁ) DE NOZES
- 150 G OU 1 XÍCARA (CHÁ) DE AMÊNDOAS COM PELE
- 50 G OU 1/3 DE XÍCARA (CHÁ) DE GERGELIM MOÍDO
- 2 COLHERES (SOPA) DE SUCO DE LIMÃO-SICILIANO
- 6 G OU 1 COLHER (SOPA) DE PIMENTA JALAPEÑO PICADA OU 1/2 COLHER (CHÁ) DE PIMENTA-DE-CAIENA EM PÓ
- 30 G OU 1/2 XÍCARA (CHÁ) CHEIA DE SALSINHA PICADA
- 30 G OU 1/2 XÍCARA (CHÁ) CHEIA DE COENTRO PICADO
- 6 G OU 1 COLHER (SOPA) DE HORTELÃ PICADA
- 2 DENTES DE ALHO OU 1 COLHER (SOPA) DE PASTA DE ALHO (VER P. 25)
- 60 ML OU 1/4 DE XÍCARA (CHÁ) DE AZEITE DE OLIVA
- 2 COLHERES (CHÁ) DE ORÉGANO EM PÓ
- 1/2 COLHER (CHÁ) DE PIMENTA-DO-REINO MOÍDA
- 1 1/2 COLHER (CHÁ) DE COMINHO
- 1 COLHER (CHÁ) DE SAL MARINHO
- 1 COLHER (CHÁ) DE LEVEDURA NUTRICIONAL

Deixe o gergelim, as nozes e as amêndoas de molho durante 8 horas. Escorra e descarte a água da demolha.

No processador, bata todos os ingredientes, exceto as sementes e as nozes, até obter uma pasta uniforme.

Acrescente as sementes e as nozes e triture até que as nozes estejam reduzidas a pedaços do tamanho dos gergelins.

Prepare bolotas com 3 colheres (sopa) da mistura.

Achate as bolotas com a palma das mãos para formar o falafel e espalhe-os em um grelha de desidratador.

Deixe no desidratador a 40 ºC por 10 horas. Vire um a um no meio do processo.

Devem ficar secos e levemente crocantes por fora e úmidos por dentro.

Conservam-se por 5-7 dias na geladeira em recipiente hermético.

Tortilha

PREPARO 30 MINUTOS
DESIDRATAÇÃO CERCA DE 7 HORAS
RENDIMENTO 15 TORTILHAS
MATERIAL LIQUIDIFICADOR, DESIDRATADOR, FOLHAS DE TEFLEX (OU PAPEL-MANTEIGA)

- 175 G OU 1 1/4 XÍCARA (CHÁ) DE GRÃOS DE MILHO CRUS, FRESCOS OU CONGELADOS (NESTE CASO, ESCORRA BEM NO DESCONGELAMENTO)
- 180 G OU 1 1/3 XÍCARA (CHÁ) DE PIMENTÃO VERMELHO CORTADO GROSSEIRAMENTE
- 200 G OU 1 1/4 XÍCARA (CHÁ) DE ABOBRINHA CORTADA GROSSEIRAMENTE
- 120 G OU 1 1/2 CENOURA MÉDIA CORTADA GROSSEIRAMENTE
- 1 COLHER (SOPA) DE SUCO DE LIMÃO-SICILIANO
- 3 COLHERES (SOPA) DE AZEITE DE OLIVA
- 1 COLHER (CHÁ) DE COMINHO EM PÓ
- 1 1/2 COLHER (CHÁ) DE CHILI
- 1/2 COLHER (CHÁ) DE SAL MARINHO
- 60 G OU 1/2 XÍCARA (CHÁ) DE LINHAÇA MOÍDA

Coloque todos os ingredientes no liquidificador, exceto a linhaça moída, e bata até obter uma consistência líquida e lisa.

Despeje a mistura em uma tigela e incorpore a linhaça moída com as mãos. Deixe descansar por 20 minutos para que a linhaça produza a mucilagem.

Cada folha de teflex dá para 3 tortilhas (calcule, para cada tortilha, 3 colheres (sopa) da mistura). Ela deve estar líquida, porém sem escorrer nas folhas de teflex. Se necessário, acrescente até 60 g ou 1/2 xícara (chá) de linhaça moída.

Com uma espátula, de preferência de cabo inclinado, espalhe a mistura formando tortilhas de 15 cm de diâmetro.

Coloque no desidratador a 40 °C por 4-5 horas.

Assim que possível, vire as tortilhas e desidrate a 45 °C, até que ambos os lados estejam igualmente secos (1-2 horas). As tortilhas devem estar moles e dobrar sem quebrar.

Conservam-se por 2 semanas na geladeira em recipiente hermético, com 1 folha de papel-manteiga entre cada tortilha para não grudar.

Nachos

PREPARO 45 MINUTOS
DESIDRATAÇÃO 16 HORAS
RENDIMENTO 160 UNIDADES
MATERIAL LIQUIDIFICADOR, DESIDRATADOR, FOLHAS DE TEFLEX (OU PAPEL-MANTEIGA)

6 COLHERES (SOPA) DE ALECRIM SECO

75 G OU 1/2 XÍCARA (CHÁ) DE CEBOLA ROXA CORTADA GROSSEIRAMENTE

1 LITRO OU 4 XÍCARAS (CHÁ) DE ÁGUA

150 G OU 1 1/2 XÍCARA (CHÁ) DE TOMATES SECOS

3 COLHERES (SOPA) DE VINAGRE DE MAÇÃ

1/2 COLHER (SOPA) DE SAL MARINHO

1/2 COLHER (CHÁ) DE ALHO EM PÓ

1/4 DE COLHER (CHÁ) DE PIMENTA-DO-REINO MOÍDA

1/4 DE COLHER (CHÁ) DE PIMENTA-DE-CAIENA EM PÓ

300 G OU 2 1/2 XÍCARAS (CHÁ) DE LINHAÇA MOÍDA

Triture grosseiramente metade do alecrim com um rolo de massa ou pilão. Reserve.

Coloque o restante do alecrim e os demais ingredientes, exceto a linhaça moída, no liquidificador. Bata até obter uma pasta uniforme.

Despeje a mistura em uma tigela e incorpore manualmente a linhaça moída e o alecrim reservado.

Coloque 250 ml ou 1 xícara (chá) da mistura sobre uma folha de teflex (ou papel-manteiga) e espalhe com uma espátula para obter uma superfície plana e uniforme.

Desenhando traços leves com a espátula, divida a superfície em 32 triângulos (4 x 4 quadrados cortados na diagonal).

Repita a operação em cada nova placa.

Coloque no desidratador a 40 ºC por 16 horas. Vire os nachos no meio do processo (8 horas). Quando prontos, devem ficar totalmente secos e crocantes.

Conservam-se por 2 meses em temperatura ambiente em recipiente hermético.

Pão de cebola

PREPARO 35 MINUTOS
DESIDRATAÇÃO CERCA DE 16 HORAS
RENDIMENTO 32 UNIDADES
MATERIAL DESIDRATADOR, FATIADOR (MANDOLINE), FOLHAS DE TEFLEX (OU PAPEL-MANTEIGA)

- 90 G OU 3/4 DE XÍCARA (CHÁ) DE LINHAÇA MOÍDA
- 75 G OU 3/4 DE XÍCARA (CHÁ) DE SEMENTES DE GIRASSOL MOÍDAS
- UMA PITADA DE PIMENTA-DO-REINO MOÍDA
- 1 COLHER (CHÁ) DE TOMILHO
- 1 COLHER (CHÁ) DE SAL MARINHO
- 1 DENTE DE ALHO OU 1 COLHER (CHÁ) DE PASTA DE ALHO (VER P. 25)
- 150 G OU 1 CEBOLA MÉDIA CORTADA EM LÂMINAS FINAS, DE PREFERÊNCIA COM O FATIADOR (MANDOLINE)
- 2 COLHERES (SOPA) DE ÓLEO DE GIRASSOL
- 125 ML OU 1/2 XÍCARA DE ÁGUA

Em um recipiente grande, misture todos os ingredientes secos.

Incorpore o alho, a cebola e o óleo, acrescente a água e misture com as mãos até obter uma massa uniforme.

Coloque uma grelha de desidratador sobre uma tábua de cortar ou um balcão forrado de papel-manteiga.

Espalhe a mistura sobre a grelha do desidratador. Use uma espátula, de preferência de cabo inclinado, ou as mãos para nivelar a massa. Para simplificar esse processo, cubra-a com uma folha de teflex (ou papel-manteiga) e aperte com o rolo de massa, para espalhá-la por toda a grelha. Com a espátula, retire a folha de teflex e alise massa.

Desenhando traços leves com a espátula, divida a placa de massa em 32 triângulos (4 x 4 quadrados cortados na diagonal).

Coloque no desidratador a 40 ºC por 16 horas. Vire no meio do processo (depois de 8 horas). O pão de cebola deve ficar seco, porém sem quebrar, e os pedaços de cebola, tenros.

Conserva-se por 3 semanas em temperatura ambiente, em recipiente hermético.

Massa de pizza

PREPARO **40 MINUTOS**
DESIDRATAÇÃO **CERCA DE 13 HORAS**
PORÇÕES **16**
MATERIAL **PROCESSADOR, DESIDRATADOR, FOLHAS DE TEFLEX (OU PAPEL-MANTEIGA)**

860 G OU 8 XÍCARAS (CHÁ) DE TRIGO- -SARRACENO GERMINADO, ÚMIDO OU DESIDRATADO

180 G OU 1 1/2 XÍCARA (CHÁ) DE LINHAÇA MOÍDA

220 G OU 1 1/2 XÍCARA (CHÁ) DE ABOBRINHA GROSSEIRAMENTE PICADA

200 G OU 2 XÍCARAS (CHÁ) DE CEBOLA GROSSEIRAMENTE CORTADA

2 DENTES DE ALHO OU 1 COLHER (SOPA) DE PASTA DE ALHO (VER P. 25)

60 G OU 1/3 DE XÍCARA (CHÁ) DE LINHAÇA

80 ML OU 1/3 DE XÍCARA (CHÁ) DE AZEITE DE OLIVA

70 G OU 3/4 DE XÍCARA (CHÁ) DE TOMATES SECOS

1/2 COLHER (CHÁ) DE SAL MARINHO

1 COLHER (SOPA) DE PSÍLIO

1 1/2 COLHER (SOPA) DE SÁLVIA

2 COLHERES (SOPA) DE MANJERONA SECA

1 COLHER (SOPA) DE CEBOLINHA SECA

1 COLHER (SOPA) DE ORÉGANO SECO

1 COLHER (CHÁ) DE ALHO EM PÓ

1/4 DE COLHER (CHÁ) DE PIMENTA-DE-CAIENA

Coloque todos os ingredientes no processador e bata até obter uma pasta uniforme. Se necessário, proceda em 3-4 vezes. Se utilizar trigo-sarraceno desidratado, acrescente até 250 ml ou 1 xícara (chá) de água, se preciso.

Espalhe 500 ml ou 2 xícaras (chá) dessa mistura sobre uma grelha do desidratador. Utilize uma espátula, de preferência de cabo inclinado, ou as mãos para nivelar a massa. Para simplificar a operação, cubra-a com uma folha de teflex (ou papel-manteiga) e aperte com rolo de massa para espalhá-la rapidamente sobre toda a superfície. Com a espátula, retire a folha de teflex e alise a massa.

Coloque no desidratador a 40 ºC por cerca de 12 horas.

Vire, espalhe em uma grelha e coloque de novo no desidratador por cerca de 1 hora, até que os dois lados estejam totalmente secos.

Conserva-se por 1 mês na geladeira em recipiente hermético.

Panquecas doces

PREPARO 20 MINUTOS
DESIDRATAÇÃO 8-10 HORAS
RENDIMENTO 8 PANQUECAS
MATERIAL PROCESSADOR, LIQUIDIFICADOR, DESIDRATADOR, FOLHAS DE TEFLEX (OU PAPEL-MANTEIGA)

- 280 G OU 2 XÍCARAS (CHÁ) DE CASTANHAS-DO-PARÁ
- 450 G OU 3 XÍCARAS (CHÁ) DE BANANA FRESCA OU CONGELADA
- 2 COLHERES (SOPA) DE AZEITE DE OLIVA
- 1 COLHER (CAFÉ OU CHÁ) DE ESSÊNCIA DE BAUNILHA
- 1/4 DE COLHER (CAFÉ) DE NOZ-MOSCADA RALADA
- UMA PITADA DE SAL MARINHO
- 125 ML OU 1/2 XÍCARA (CHÁ) DE ÁGUA

No processador, reduza as castanhas-do-pará a uma pasta cremosa.

Bata os outros ingredientes no liquidificador até obter um líquido uniforme.

Acrescente a pasta de castanha-do-pará e bata de novo até obter uma massa uniforme e lisa.

Espalhe 125 ml ou 1/2 xícara (chá) de massa sobre cada folha de teflex (ou papel-manteiga).

Com uma espátula, de preferência de cabo curvo, espalhe a mistura formando uma panqueca com espessura uniforme e cerca de 23 cm de diâmetro.

Coloque no desidratador a 40 °C por 8-10 horas. Vire assim que for possível.

As panquecas devem estar secas ao toque em toda a superfície, porém úmidas o suficiente para serem enroladas sem quebrar.

Conservam-se por 2 semanas na geladeira em recipiente hermético, com papel manteiga entre cada uma.

Panquecas salgadas

PREPARO **20 MINUTOS**
DESIDRATAÇÃO **8-10 HORAS**
RENDIMENTO **8 PANQUECAS**
MATERIAL **LIQUIDIFICADOR, DESIDRATADOR**

- 175 G OU 1 ¼ XÍCARA (CHÁ) DE CASTANHAS-DO-PARÁ
- 100 ML OU 7 COLHERES (SOPA) DE ÓLEO DE GIRASSOL
- 375 ML OU 1 ½ XÍCARA (CHÁ) DE ÁGUA
- 4 COLHERES (CHÁ) DE LEVEDURA NUTRICIONAL
- 1 ½ COLHER (CHÁ) DE SAL MARINHO
- 80 G OU ¾ DE XÍCARA (CHÁ) DE SEMENTES DE CHIA MOÍDAS
- 80 G OU ¾ DE XÍCARA (CHÁ) DE LINHAÇA MOÍDA

Coloque todos os ingredientes no liquidificador, exceto as sementes de chia e a linhaça, e bata até obter um líquido uniforme.

Despeje em uma saladeira e incorpore manualmente as sementes moídas. Sove bem até obter uma massa uniforme.

Coloque 125 ml ou ½ xícara (chá) da mistura sobre uma folha de teflex.

Com uma espátula, de preferência de cabo inclinado, espalhe a mistura formando uma panqueca com espessura uniforme e cerca de 23 cm de diâmetro. Umedeça a espátula se necessário.

Coloque no desidratador a 40 °C por 8-10 horas. Vire assim que possível.

As panquecas devem estar secas ao toque em toda a superfície, porém úmidas o suficiente para serem enroladas sem quebrar.

Conservam-se por 2 semanas na geladeira em recipiente hermético, com papel-manteiga entre cada uma.

Pão mediterrâneo de amêndoas

PREPARO 40 MINUTOS
DESIDRATAÇÃO 8-10 HORAS
RENDIMENTO 25 PÃES
MATERIAL PROCESSADOR, DESIDRATADOR, FOLHA DE TEFLEX (OU PAPEL-MANTEIGA)

100 G OU 1 XÍCARA (CHÁ) DE TOMATES SECOS PICADOS

250 G OU 2 ¼ XÍCARAS (CHÁ) DE MAÇÃS SEM SEMENTES CORTADAS GROSSEIRAMENTE

600 G OU 4 XÍCARAS (CHÁ) DE ABOBRINHA SEM CASCA CORTADA GROSSEIRAMENTE

3 COLHERES (SOPA) DE SUCO DE LIMÃO-SICILIANO

125 ML OU ½ XÍCARA (CHÁ) DE AZEITE DE OLIVA

1 COLHER (CHÁ) DE SAL MARINHO

2 ½ COLHERES (SOPA) DE MANJERICÃO FRESCO OU SECO

2 COLHERES (SOPA) DE SALSINHA FRESCA OU SECA

1 ½ COLHER (SOPA) DE ORÉGANO FRESCO OU SECO

2 COLHERES (SOPA) DE TOMILHO FRESCO OU SECO

UMA PITADA DE PIMENTA-DE-CAIENA EM PÓ

350 G OU 3 XÍCARAS (CHÁ) DE AMÊNDOAS BEM MOÍDAS

120 G OU 1 XÍCARA (CHÁ) DE LINHAÇA MOÍDA

80 G OU ½ XÍCARA (CHÁ) DE GERGELIM

No processador, bata o tomate seco, a maçã, a abobrinha, o suco de limão-siciliano, o azeite, o sal marinho e os temperos até obter uma pasta uniforme.

Acrescente as amêndoas moídas e misture até obter uma massa uniforme.

Despeje a mistura em uma tigela e incorpore com as mãos a linhaça moída e o gergelim.

Bata de novo o preparado no processador, 500 ml ou 2 xícaras (chá) por vez.

Espalhe a mistura sobre a grelha do desidratador. Utilize uma espátula, de preferência de cabo inclinado, ou as mãos para nivelar a massa. Para simplificar o processo, cubra a massa com folha de teflex (ou papel-manteiga) e aperte com o rolo de massa para espalhá-la rapidamente sobre a grelha toda. Com a espátula, retire a folha de teflex e alise a massa.

Com uma faca sem serra ou uma espátula, divida levemente cada placa em 9 fatias de pão (3 x 3).

Coloque no desidratador a 40 ºC por cerca de 4 horas. Para virar os pães, coloque uma grelha e outra bandeja por cima e vire tudo de cabeça para baixo.

Coloque de volta no desidratador por 4-5 horas, até que os pães possam ser retirados sem grudar ou quebrar.

Conservam-se por 10 dias na geladeira em recipiente hermético.

Chapatis

PREPARO **45 MINUTOS**
DESIDRATAÇÃO **CERCA DE 5 HORAS**
RENDIMENTO **30 CHAPATIS**
MATERIAL **DESIDRATADOR**

260 G OU 2 XÍCARAS (CHÁ) DE SEMENTES DE GIRASSOL MOÍDAS

840 G OU 2 1/2 XÍCARAS (CHÁ) DE TRIGO-SARRACENO GERMINADO DESIDRATADO E MOÍDO

160 G OU 1 1/2 XÍCARA (CHÁ) DE CHIA MOÍDA

120 G OU 1 XÍCARA (CHÁ) DE LINHAÇA MOÍDA

1 COLHER (SOPA) DE SAL MARINHO

1 COLHER (CHÁ) DE PIMENTA-DO-REINO MOÍDA

1 COLHER (SOPA) DE COMINHO EM PÓ

10 G OU 1/4 DE XÍCARA (CHÁ) DE SÁLVIA EM PÓ

160 ML OU 2/3 DE XÍCARA (CHÁ) DE AZEITE DE OLIVA

500 ML OU 2 XÍCARAS (CHÁ) DE ÁGUA

Em um recipiente grande, misture todos os ingredientes secos.

Acrescente o azeite e a água e misture com as mãos até obter uma massa uniforme.

Com uma colher de sorvete, faça bolas de cerca de 50 g.

Cubra as bolas com uma folha de teflex ou filme de PVC e achate-as, formando bolachas de 10 cm de diâmetro, com a ajuda de um rolo de massa.

Disponha 9 bolachas sobre cada grelha do desidratador. Desidrate a 40 ºC durante 5 horas.

Os chapatis estarão prontos quando ficarem firmes, porém macios e tenros.

Conservam-se por 2 semanas na geladeira em recipiente hermético.

Chips de couve

DEMOLHA **4 HORAS**
PREPARO **30 MINUTOS**
DESIDRATAÇÃO **12 HORAS**
RENDIMENTO **150 G OU 8 XÍCARAS (CHÁ) DE CHIPS**
MATERIAL **LIQUIDIFICADOR, DESIDRATADOR**

1 KG OU 40 FOLHAS DE COUVE-FRISADA

MARINADA
60 ML OU ¼ DE XÍCARA (CHÁ) DE MOLHO TAMARI SEM TRIGO
60 ML OU ¼ DE XÍCARA (CHÁ) DE SUCO DE LIMÃO-SICILIANO
½ DENTE DE ALHO OU ½ COLHER (CHÁ) DE PASTA DE ALHO (VER P. 25)
2 COLHERES (SOPA) DE AZEITE DE OLIVA
1 COLHER (SOPA) DE XAROPE DE AGAVE
225 G OU 1 ½ XÍCARA (CHÁ) DE CASTANHAS-DE-CAJU
60 ML OU ¼ DE XÍCARA (CHÁ) DE VINAGRE DE MAÇÃ
190 ML OU ¾ DE XÍCARA (CHÁ) DE ÁGUA
40 G OU ¼ DE XÍCARA (CHÁ) DE LEVEDURA NUTRICIONAL
1 COLHER (CHÁ) DE SAL MARINHO
UMA PITADA DE PIMENTA-DE-CAIENA EM PÓ

Marinada

Deixe as castanhas-de-caju de molho por 4 horas. Escorra e descarte a água da demolha.

No liquidificador, bata todos os ingredientes da marinada até obter uma mistura uniforme e lisa. Deixe descansar na geladeira pelo menos por 1 hora, ou por uma noite.

Preparo dos chips

Tire os talos da couve. Reserve-os para uma receita de suco com couve frisada. Se algumas folhas forem maiores do que a palma da mão, corte-as em dois. Do contrário, é recomendado manter folhas grandes já que vão encolher muito durante a desidratação.

Em um recipiente grande, coloque as folhas de couve, a marinada, e misture bem para impregnar cada folha.

Espalhe o preparado sobre 9 grelhas do desidratador. Deixe no desidratador a 40 °C por cerca de 12 horas.

Os chips estão prontos assim que ficarem totalmente secos e crocantes.

Biscoitos de beterraba

DEMOLHA 8 HORAS
PREPARO 55 MINUTOS
DESIDRATAÇÃO 24 HORAS
RENDIMENTO 250 BISCOITOS
MATERIAL LIQUIDIFICADOR, DESIDRATADOR

- 450 G OU 3 XÍCARAS (CHÁ) DE SEMENTES DE ABÓBORA
- 720 G OU 6 XÍCARAS (CHÁ) DE LINHAÇA MOÍDA
- 220 G OU 3 XÍCARAS (CHÁ) DE SEMENTES DE GIRASSOL MOÍDAS
- 165 G OU 1 XÍCARA (CHÁ) DE CHIA
- 1 ½ COLHER (SOPA) DE PIMENTA-DO-REINO MOÍDA
- ¼ DE COLHER (CHÁ) DE PIMENTA-DE-CAIENA EM PÓ
- 2 COLHERES (SOPA) DE SAL MARINHO
- 375 G OU 5 CENOURAS MÉDIAS FINAMENTE RALADAS
- 375 G OU 2 BETERRABAS MÉDIAS FINAMENTE RALADAS
- 375 G OU 2 CEBOLAS MÉDIAS, BATIDAS EM PURÊ NO PROCESSADOR OU NO LIQUIDIFICADOR
- 25 G OU ½ XÍCARA (CHÁ) CHEIA DE SALSINHA PICADA
- 3 DENTES DE ALHO OU 1 ½ COLHER (SOPA) DE PASTA DE ALHO (VER P. 25)
- 1 LITRO OU 4 XÍCARAS (CHÁ) DE ÁGUA
- 6 COLHERES (SOPA) DE PSÍLIO

Deixe as sementes de abóbora de molho por 8 horas. Escorra e descarte a água da demolha.

Em um recipiente grande, misture todos os ingredientes secos (linhaça e sementes de girassol moídas, a chia e os temperos).

Incorpore os demais ingredientes, acrescente a água e amasse até obter uma massa roxa uniforme. Deixe descansar 15 minutos antes de espalhar a massa para dar início à mucilagem. Se a massa estiver úmida demais, acrescente até 30 g ou ½ xícara (chá) de linhaça moída.

Espalhe 500-625 ml ou 2-2 ½ xícaras (chá) da mistura sobre uma grelha do desidratador. Utilize uma espátula, de preferência de cabo inclinado, ou as mãos para nivelar a massa. Para simplificar o processo, cubra-a com uma folha de teflex (ou papel-manteiga) e aperte com o rolo de massa para espalhá-la rapidamente sobre a grelha toda. Com a espátula, retire a folha de teflex e alise a massa.

Com uma faca sem serra ou uma espátula, divida cada placa de massa em 36 quadrados (6 x 6).

Repita a operação com o restante da mistura. Se tiver deixado a massa na geladeira, não se esqueça de tirá-la pelo menos 30 minutos antes de espelhá-la na grelha, para que amoleça.

Coloque no desidratador a 40 ºC por uma noite.

Vire e coloque o preparado em outra grelha antes de devolver a massa ao desidratador, até que os biscoitos fiquem crocantes e totalmente secos (cerca de 1 dia).

Conservam-se por 4 meses em temperatura ambiente, em recipiente hermético.

Biscoitos de tomate seco

PREPARO **1 HORA**
DESIDRATAÇÃO **CERCA DE 24 HORAS**
RENDIMENTO **300 BISCOITOS**
MATERIAL **LIQUIDIFICADOR, DESIDRATADOR**

- 260 G OU 2 XÍCARAS (CHÁ) DE PIMENTÃO VERDE, CORTADO EM CUBOS GRANDES
- 100 G OU 2 XÍCARAS (CHÁ) CHEIAS DE COENTRO PICADO GROSSEIRAMENTE
- 900 G OU 5 ½ TOMATES MÉDIOS CORTADOS EM PEDAÇOS GRANDES
- 400 G OU 4 XÍCARAS (CHÁ) DE TOMATE SECO
- 3 DENTES DE ALHO OU 1 COLHER (SOPA) DE PASTA DE ALHO (VER P. 25)
- 60 ML OU ¼ DE XÍCARA (CHÁ) DE AZEITE DE OLIVA
- 4 COLHERES (CHÁ) DE SAL MARINHO
- 425 G OU 4 XÍCARAS (CHÁ) DE LINHAÇA MOÍDA
- 365 G OU 2 XÍCARAS (CHÁ) DE LINHAÇA
- 500 G OU 3 XÍCARAS (CHÁ) DE LINHAÇA DOURADA

No liquidificador, bata o pimentão, o coentro, o tomate, o tomate seco, o alho, o azeite e o sal até obter uma pasta uniforme.

Despeje a mistura em um recipiente grande e incorpore com as mãos todos os tipos de linhaça. Deixe descansar por 15 minutos antes de começar a abrir a massa, para que se produza a mucilagem.

Reparta 375 ml ou 1 ½ xícara (chá) da mistura sobre uma folha de teflex (ou papel-manteiga), deixando uma borda. Alise o preparado com uma espátula, de preferência de cabo inclinado.

Com uma faca sem serra ou uma espátula, divida cada placa de massa em 36 quadrados (6 x 6).

Repita a operação com o restante da mistura.

Coloque no desidratador a 40 ºC por cerca de 12 horas.

Vire e coloque o preparado em outra grelha, antes de devolver a massa ao desidratador, até que os biscoitos fiquem crocantes e totalmente secos (cerca de 1 dia).

Conservam-se por 4 meses em temperatura ambiente, em recipiente hermético.

Granola de cranberries e gengibre

DEMOLHA 8 HORAS
PREPARO 30 MINUTOS
DESIDRATAÇÃO CERCA DE 24 HORAS
RENDIMENTO 1,2 KG DE GRANOLA
MATERIAL PROCESSADOR, DESIDRATADOR

70 G OU ½ XÍCARA (CHÁ) DE SEMENTES DE GIRASSOL

75 G OU ½ XÍCARA (CHÁ) DE SEMENTES DE ABÓBORA

80 G OU ½ XÍCARA (CHÁ) DE GERGELIM

200 G OU 1 ½ XÍCARA (CHÁ) DE CRANBERRIES SECOS

125 ML OU ½ XÍCARA (CHÁ) DE ÁGUA MORNA

270 G OU 2 XÍCARAS (CHÁ) DE TRIGO-SARRACENO GERMINADO (DESIDRATADO OU AINDA MOLHADO) (VER P. 25)

70 G OU ½ XÍCARA (CHÁ) DE TRIGO-SARRACENO GERMINADO DESIDRATADO MOÍDO

160 G OU 2 XÍCARAS (CHÁ) DE COCO RALADO

UMA PITADA DE SAL MARINHO

435 G OU 1 ½ XÍCARA (CHÁ) DE PASTA DE TÂMARAS (VER P. 25)

1 ½ COLHER (SOPA) DE GENGIBRE FRESCO FINAMENTE PICADO

Deixe as sementes de girassol, de abóbora e o gergelim de molho por 8 horas. Escorra e descarte a água da demolha.

Deixe os cranberries em 125 ml ou ½ xícara (chá) de água morna por 15 minutos. Depois, bata-os no processador, com a água da demolha, para reduzi-los a pedacinhos.

Em um recipiente grande, misture todos os ingredientes secos (trigo-sarraceno inteiro e moído, coco ralado e sal) com as mãos.

Incorpore o restante dos ingredientes para formar uma mistura aderente.

Espalhe cerca de 700 g ou 3 ½ xícaras (chá) de granola em cada grelha do desidratador.

Coloque no desidratador a 40 °C por 16-24 horas. A granola estará pronta quando todos os ingredientes ficarem totalmente secos.

Conserva-se por 6 meses em temperatura ambiente, em recipiente hermético.

Granola de maçã e canela

DEMOLHA 8 HORAS
PREPARO 30 MINUTOS
DESIDRATAÇÃO CERCA DE 24 HORAS
RENDIMENTO 1 KG DE GRANOLA
MATERIAL DESIDRATADOR

70 G OU ½ XÍCARA (CHÁ) DE SEMENTES DE GIRASSOL

160 G OU 1 XÍCARA (CHÁ) DE GERGELIM

50 G OU ⅓ DE XÍCARA (CHÁ) DE TRIGO-SARRACENO GERMINADO DESIDRATADO MOÍDO (VER P. 25)

160 G OU 2 XÍCARAS (CHÁ) DE COCO RALADO

55 G OU 1 XÍCARA (CHÁ) DE MAÇÃ SECA CORTADA EM PEDAÇOS

2 COLHERES (CHÁ) DE CANELA EM PÓ

155 G OU 1 XÍCARA (CHÁ) DE UVAS-PASSAS CLARAS

200 G OU 1 ½ XÍCARA (CHÁ) DE TRIGO-SARRACENO GERMINADO DESIDRATADO OU MOLHADO (VER P. 25)

¼ DE COLHER (CHÁ) DE SAL MARINHO

410 G OU 1 ½ XÍCARA (CHÁ) DE PASTA DE TÂMARAS (VER P. 25)

Deixe as sementes de girassol e o gergelim de molho por 8 horas. Escorra e descarte a água da demolha. Reserve.

Em um recipiente grande, misture todos os ingredientes, exceto a pasta de tâmaras.

Incorpore as sementes molhadas e a pasta de tâmaras, misturando com as mãos.

Espalhe cerca de 700 g ou 3 ½ xícaras (chá) de granola em cada grelha do desidratador.

Coloque no desidratador a 40 °C por 16-24 horas. A granola estará pronta quando todos os ingredientes ficarem totalmente secos.

Conserva-se por 6 meses em temperatura ambiente, em recipiente hermético.

 Mix sufi

DEMOLHA **8 HORAS**
PREPARO **30 MINUTOS**
DESIDRATAÇÃO **CERCA DE 36 HORAS**
RENDIMENTO **1,5 KG**
MATERIAL **LIQUIDIFICADOR, DESIDRATADOR**

- 300 G OU 2 XÍCARAS (CHÁ) DE PISTACHES
- 500 G OU 3 XÍCARAS (CHÁ) DE AMÊNDOAS
- 240 G OU 1 ½ XÍCARA (CHÁ) DE GERGELIM
- 50 G OU ½ XÍCARA (CHÁ) DE GENGIBRE FRESCO FINAMENTE PICADO
- 130 G OU ½ XÍCARA (CHÁ) DE PASTA DE TÂMARA (VER P. 25)
- 250 ML OU 1 XÍCARA (CHÁ) DE XAROPE DE AGAVE
- UMA PITADA DE SAL MARINHO
- 1 ½ COLHER (SOPA) DE CARDAMOMO
- 250 G OU 2 ½ XÍCARAS (CHÁ) DE CRANBERRIES SECOS

Deixe os pistaches, as amêndoas e o gergelim de molho por 8 horas. Escorra e descarte a água da demolha.

Coloque a pasta de tâmara, o xarope de agave, o sal e o cardamomo no liquidificador. Bata até obter uma pasta uniforme.

Despeje a mistura em um recipiente grande e incorpore os demais ingredientes.

Espalhe cerca de 750 g ou 3 xícaras (chá) dessa mistura em cada grelha do desidratador.

Desidrate a 40 ºC por cerca de 36 horas. O mix sufi estará pronto quando formar aglomerados sólidos e o miolo das amêndoas ficar totalmente seco.

Conserva-se por 6 meses em temperatura ambiente, em recipiente hermético.

Mix buda

DEMOLHA **8 HORAS**
PREPARO **30 MINUTES**
MARINADA **6-12 HORAS**
DESIDRATAÇÃO **CERCA DE 36 HORAS**
RENDIMENTO **2 KG**
MATERIAL **DESIDRATADOR**

400 G OU 3 XÍCARAS (CHÁ) DE SEMENTES DE GIRASSOL

420 G OU 3 XÍCARAS (CHÁ) DE SEMENTES DE ABÓBORA

220 G OU 1 ½ XÍCARA (CHÁ) DE AVELÃS

250 G OU 1 ½ XÍCARA (CHÁ) DE AMÊNDOAS

125 ML OU ½ XÍCARA (CHÁ) DE SHOYU PROBIÓTICO CRU OU DE MOLHO TAMARI SEM TRIGO

60 G OU ¼ DE XÍCARA (CHÁ) DE PASTA DE TÂMARA (VER P. 25)

2 COLHERES (SOPA) DE SUCO DE LIMÃO-SICILIANO

1 DENTE DE ALHO OU 1 COLHER (CHÁ) DE PASTA DE ALHO (VER P. 25)

3 COLHERES (SOPA) DE PÁPRICA PICANTE

1 COLHER (CHÁ) DE PIMENTA-DO-REINO MOÍDA

3 COLHERES (SOPA) DE LEVEDURA NUTRICIONAL

½ COLHER (CHÁ) DE PIMENTA-DE-CAIENA EM PÓ

2 COLHERES (SOPA) DE ORÉGANO FRESCO OU SECO

Deixe as sementes de girassol e de abóbora, as avelãs e as amêndoas de molho por 8 horas. Escorra e descarte a água da demolha.

Em um recipiente grande, misture bem todos os ingredientes. Deixe marinar pelos menos por 6 horas; o ideal são 12 horas na geladeira.

Espalhe cerca de 750 ml ou 3 xícaras (chá) dessa mistura em cada grelha de desidratador. Deixe a mistura bem unida, para que se formem pedaços ao desidratar, porém sem apertar.

Coloque no desidratador a 40 ºC por cerca de 36 horas.

O mix buda estará pronto quando formar aglomerados sólidos e o miolo das amêndoas e avelãs ficar totalmente seco.

Conserva-se por 6 meses em temperatura ambiente, em recipiente hermético.

O PRESENTE DAS ABELHAS

Os únicos produtos não veganos encontrados no cardápio dos nossos restaurantes vêm das abelhas: mel, pólen e própolis.

A riqueza do pólen em aminoácidos essenciais, em oligoelementos e carboidratos o torna um superalimento excepcional. Chamado de "alimento mais completo da natureza", o pólen de fato constitui uma proteína vegetal completa, fonte de 22 minerais diferentes e de mais de cem variedades de enzimas. Apenas 1 colher de sopa por dia é suficiente para que se aproveitem esses benefícios.

O mel, por sua vez, não é usado em nossas cozinhas como edulcorante, mas se encontra na farmácia como cicatrizante, antibacteriano e antigripal! Recomendamos que seja tomado em jejum para que se aproveite ao máximo os seus benefícios.

O própolis é outro produto das abelhas que merece ser conhecido. Essa seiva de árvore, colhida pelas abelhas, serve para cobrir as paredes das colmeias e protegê-las das bactérias. Pode ser colhida e conservada no álcool, e serve como tônico do sistema imunológico ou para limpar as cordas vocais. Aliás, os cantores de ópera não se apresentam sem um frasco de própolis no bolso.

No entanto, cuidado! A situação atual dessas operárias da natureza se tornou precária. Grande parte da população mundial de abelhas já foi dizimada em razão da utilização de produtos químicos na agricultura e porque alguns agricultores substituíram a colheita de mel pela produção de açúcar branco. Sem abelhas, não haverá mais polinização, portanto, nem flores, frutas e legumes! Assim, a escolha dos produtores, nesse caso, é fundamental. Por esse motivo, recomendamos que se utilize um mel não pasteurizado, oriundo de colheitas orgânicas da própria região.

Ravióli de beterraba

PREPARO 30 MINUTOS
MARINADA 4 HORAS
RENDIMENTO 10 RAVIÓLIS: 4 ENTRADAS OU 2 PRATOS PRINCIPAIS
MATERIAL PROCESSADOR, FATIADOR (MANDOLINE)

1 BETERRABA (GRANDE)

MARINADA
1 COLHER (SOPA) DE ÓLEO DE GIRASSOL
1 COLHER (SOPA) DE SUCO DE LIMÃO-SICILIANO
1/4 DE COLHER (CHÁ) DE SAL MARINHO

RECHEIO DE MANGA OU DE BATATA-DOCE
60 G OU 1/3 DE XÍCARA (CHÁ) DE POLPA DE MANGA
100 G OU 1/3 DE BATATA-DOCE MÉDIA SEM CASCA
UMA PITADA DE LEVEDURA NUTRICIONAL
UMA PITADA DE CEBOLA EM PÓ
UMA PITADA DE SAL MARINHO
UMA PITADA DE NOZ-MOSCADA RALADA
1/4 DE COLHER (CHÁ) DE PSÍLIO

Com o fatiador (mandoline), corte 20 rodelas de beterraba, o mais fino possível. Coloque-as em um recipiente com água e deixe de molho por 2 horas.

Com o batedor (fouet), misture os ingredientes da marinada. Incorpore à beterraba e deixe marinar por 2 horas.

Despeje todos os ingredientes do recheio no processador e bata até obter uma pasta uniforme.

Uma vez marinada a beterraba, faça os raviólis da seguinte maneira: coloque 1 colher (sopa) de recheio em uma rodela de beterraba e cubra com outra. Aperte as bordas.

Também é possível rechear as beterrabas com ricota de macadâmia (ver p. 89)

Tempere com molho balsâmico de framboesa (ver abaixo) antes de servir.

Consumir em seguida.

---

120 G OU 1 XÍCARA (CHÁ) CHEIA DE FRAMBOESAS
250 ML OU 1 XÍCARA (CHÁ) DE AZEITE DE OLIVA
125 ML OU 1/2 XÍCARA (CHÁ) DE VINAGRE BALSÂMICO
60 ML OU 1/4 DE XÍCARA (CHÁ) DE ÁGUA
1/2 COLHER (CHÁ) DE PIMENTA-DO-REINO MOÍDA
3/4 DE COLHER (CHÁ) DE SAL MARINHO
1/2 DENTE DE ALHO OU 1/2 COLHER (CHÁ) DE PASTA DE ALHO (VER P. 25)

Molho balsâmico de framboesa

PREPARO 10 MINUTOS
RENDIMENTO CERCA DE 500 ML OU 2 XÍCARAS (CHÁ)
MATERIAL LIQUIDIFICADOR

No liquidificador, bata todos os ingredientes até obter um molho uniforme.

Conserva-se por 1 semana na geladeira em recipiente hermético.

Sushis com curry

PREPARO **15 MINUTOS**
RENDIMENTO **16 PORÇÕES: 4 ENTRADAS OU 2 PRATOS PRINCIPAIS**
MATERIAL **FATIADOR (MANDOLINE)**

2 FOLHAS DE NORI

½ RECEITA DE PASTA DE CURRY (VER ABAIXO)

2 BELAS FOLHAS DE ALFACE LISA

80 G OU 1 CENOURA MÉDIA RALADA

20 G OU ¼ DE XÍCARA (CHÁ) DE ABOBRINHA CORTADA EM TIRAS FINAS

3 G OU 1 COLHER (SOPA) DE CEBOLA CORTADA EM LÂMINAS EXTREMAMENTE FINAS, QUASE TRANSPARENTES

20 G OU ¼ DE MAÇÃ CORTADA EM TIRAS FINAS, REGADA COM SUCO DE LIMÃO--SICILIANO PARA NÃO ESCURECER

½ ABACATE FATIADO

30 G OU ½ XÍCARA (CHÁ) CHEIA DE BROTOS DE ALFAFA OU TREVO

Abra uma folha de nori sobre uma superfície plana, com o lado brilhante para baixo. Com a espátula, espalhe 600 ml ou ¼ de xícara (chá) de pasta de curry, cobrindo toda a largura e até ⅔ da altura.

Escolha uma bela folha de alface lisa e aperte as nervuras com as mãos (para evitar que a folha rasgue quando for enrolada). Coloque-a sobre a pasta. Deixe a folha sobrar um pouco dos dois lados.

Na largura da folha, acrescente alternativamente uma fileira de cenoura ralada, uma fileira de abobrinha, uma fileira de cebola, uma fileira de maçã e 3 fatias de abacate. Cubra com um punhado generoso de alfafa. Deixe os ingredientes sobrarem um pouco nas beiradas, para dar um belo acabamento.

Molhe a ponta dos dedos com água para umedecer a borda superior da folha de alga. Enrole, apertando a folha o mais que puder, e feche depois de umedecer a borda da alga.

Deixe a junção da folha virada para baixo, para secar (1 ou 2 minutos). Corte em 8 porções iguais.

Dica: os sushis cortados em porções individuais devem ficar mais apertados e menores. Portanto, coloque menos recheio.

Consumir em seguida.

---

90 G OU ⅔ DE XÍCARA (CHÁ) DE SEMENTES DE GIRASSOL

1 ½ TÂMARA SEM CAROÇO OU 1 COLHER (SOPA) DE PASTA DE TÂMARA (VER P. 25)

2 COLHERES (CHÁ) DE VINAGRE DE MAÇÃ

½ COLHER (CHÁ) DE ÓLEO DE GIRASSOL

1 COLHER (SOPA) DE ÁGUA

1 DENTE DE ALHO OU 1 COLHER (CHÁ) DE PASTA DE ALHO (VER P. 25)

½ COLHER (CHÁ) DE CURRY EM PÓ

1 COLHER (CHÁ) DE CÚRCUMA EM PÓ

UMA PITADA DE PIMENTA-DE-CAIENA EM PÓ

1 COLHER (CHÁ) DE COMINHO EM PÓ

2 COLHERES (SOPA) DE SEMENTES DE GIRASSOL MOÍDAS

Pasta de curry

DEMOLHA **8 HORAS**
PREPARO **20 MINUTOS**
RENDIMENTO **CERCA DE 250 ML OU 1 XÍCARA (CHÁ)**
MATERIAL **PROCESSADOR**

Deixe as sementes de girassol de molho por 8 horas. Escorra e descarte a água da demolha.

Coloque todos os ingredientes, exceto as sementes de girassol moídas, no processador. Bata até obter uma pasta cremosa e lisa.

Acrescente as sementes de girassol moídas e bata por mais 1 minuto.

Conserva-se por 1 semana na geladeira em recipiente hermético.

Rolo primavera com patê vegê

PREPARO 15 MINUTOS
RENDIMENTO 2 ROLOS OU 16 PORÇÕES: 4 ENTRADAS OU 2 PRATOS PRINCIPAIS
MATERIAL FATIADOR (MANDOLINE)

2 FOLHAS DE ARROZ

5 BELAS FOLHAS DE ALFACE LISA

80 G OU 1 CENOURA MÉDIA RALADA

20 G OU 1/4 DE XÍCARA (CHÁ) DE ABOBRINHA CORTADA EM TIRAS FINAS

3 G OU 1 COLHER (SOPA) DE CEBOLA CORTADA EM LÂMINAS EXTREMAMENTE FINAS, QUASE TRANSPARENTES

20 G OU 1/4 DE XÍCARA (CHÁ) DE REPOLHO ROXO CORTADO EM LÂMINAS FINAS

1/4 DE RECEITA DE PATÊ VEGÊ (VER P. 133)

30 G OU 1/2 XÍCARA (CHÁ) CHEIA DE BROTOS DE TREVO

GERGELIM PRETO OU BRANCO (OPCIONAL)

Mergulhe uma folha de arroz na água morna e coloque-a na beira de uma mesa, deixando uma das extremidades para fora. Isso facilita o manuseio na hora de enrolar.

Escolha uma ou duas folhas de alface e aperte as nervuras com as mãos (para evitar que as folhas rasguem quando enroladas). Então, cubra metade do comprimento e ¾ da largura da folha de arroz. As folhas de alface não devem se sobrepor, e sim preencher toda a superfície.

De um lado a outro da folha de alface, espalhe alternadamente uma fileira de cenoura ralada, uma de abobrinha, uma de cebola e outra de repolho roxo. Espalhe por toda a largura 60 ml ou ¼ de xícara (chá) do patê vegê. Por fim, cubra com um punhado de brotos e, por cima, coloque outra folha de alface com as nervuras previamente apertadas. É importante que a folha de arroz esteja separada do conteúdo por uma camada de alface, para não rasgar.

Se quiser, salpique o gergelim preto ou branco sobre a parte superior da folha de arroz.

Para enrolar: dobre a extremidade à beira da mesa por cima do preparado e aperte com as mãos para eliminar o ar. Dobre os lados, e então enrole a folha, fazendo uma leve pressão para deixar o rolo bem apertado.

Corte os rolos de modo a obter 8 porções de tamanho igual.

Sirva com o molho tibetano (ver abaixo).

Cortados em porções individuais, os rolos devem ficar mais apertados e menores. Portanto, coloque menos recheio.

Consumir em seguida.

---

3 COLHERES (SOPA) DE GENGIBRE PICADO OU 1 COLHER (SOPA) DE SUCO DE GENGIBRE (VER P. 25)

125 ML OU 1/2 XÍCARA (CHÁ) DE SUCO DE LIMÃO-SICILIANO

60 ML OU 1/4 DE XÍCARA (CHÁ) DE SHOYU PROBIÓTICO CRU OU DE MOLHO TAMARI SEM TRIGO

1 1/2 DENTE DE ALHO OU 1/2 COLHER (SOPA) DE PASTA DE ALHO (VER P. 25)

60 ML OU 1/4 DE XÍCARA (CHÁ) DE XAROPE DE AGAVE

1 1/2 COLHER (CHÁ) DE CURRY

UMA PITADA DE PIMENTA-DE-CAIENA EM PÓ

310 ML OU 1 1/4 XÍCARA (CHÁ) DE ÁGUA

Molho tibetano

PREPARO 10 MINUTOS
RENDIMENTO CERCA DE 500 ML OU 2 XÍCARAS (CHÁ)
MATERIAL LIQUIDIFICADOR

No liquidificador, bata todos os ingredientes até obter um molho líquido e homogêneo.

Se preparado sem água, esse molho se conserva por vários meses. A água pode ser acrescentada apenas na hora de servir, misturando bem.

Conserva-se por 2 semanas na geladeira em recipiente hermético.

Patê vegê

- 100 G OU ¾ DE XÍCARA (CHÁ) DE SEMENTES DE GIRASSOL
- 75 G OU ½ XÍCARA (CHÁ) DE CENOURA CORTADA GROSSEIRAMENTE
- 15 G OU 1 ½ COLHER (SOPA) DE CEBOLA ROXA CORTADA GROSSEIRAMENTE
- 8 G OU 2 COLHERES (SOPA) CHEIAS DE SALSINHA PICADA GROSSEIRAMENTE
- 2 COLHERES (SOPA) DE ÓLEO DE GIRASSOL
- 1 ½ COLHER (SOPA) DE VINAGRE DE MAÇÃ
- 1 COLHER (SOPA) DE SUCO DE LIMÃO-SICILIANO
- 1 COLHER (SOPA) DE GENGIBRE PICADO OU 1 COLHER (SOPA) DE SUCO DE GENGIBRE (VER P. 25)
- 1 COLHER (CHÁ) DE SEMENTES DE COENTRO MOÍDAS
- 1 DENTE DE ALHO PEQUENO OU 1 COLHER (CHÁ) DE PASTA DE ALHO (VER P. 25)
- ½ COLHER (CHÁ) DE SAL MARINHO
- 1 COLHER (SOPA) DE LEVEDURA NUTRICIONAL
- 40 G OU ¼ DE XÍCARA (CHÁ) DE GERGELIM MOÍDO

DEMOLHA 8 HORAS
PREPARO 20 MINUTOS
RENDIMENTO 375 ML OU 1 ½ XÍCARA (CHÁ)
MATERIAL PROCESSADOR

Deixe as sementes de girassol de molho por 8 horas. Escorra e descarte a água da demolha.

Coloque todos os ingredientes no processador, exceto a levedura e o gergelim. Bata até obter uma pasta cremosa e lisa.

Acrescente a levedura nutricional e o gergelim moído. Bata por mais 1 minuto para incorporar.

Conserva-se por 5 dias na geladeira em recipiente hermético.

Cogumelos recheados

PREPARO **15 MINUTOS**
MARINADA **30 MINUTOS**
DESIDRATAÇÃO **1 HORA**
RENDIMENTO **30 COGUMELOS: 6 ENTRADAS OU 3 PRATOS PRINCIPAIS**
MATERIAL **DESIDRATADOR**

---

30 COGUMELOS-DE-PARIS FRESCOS DE 2,5 CM DE DIÂMETRO

½ RECEITA DE PATÊ SILVESTRE (VER P. 92)

2 COLHERES (SOPA) DE SEMENTES DE CÂNHAMO SEM A CASCA

3 COLHERES (SOPA) DE SALSINHA FINAMENTE PICADA

5 COLHERES (SOPA) DE CREME FRESCO (OPCIONAL, VER P. 177)

Retire o talo dos cogumelos e coloque os chapéus na marinada (ver abaixo) por 30 minutos. Com os talos, prepare a receita do patê silvestre.

Com um saco de confeiteiro (ou uma colher), recheie cada chapéu de cogumelo marinado com 1½ colher (sopa) de patê.

Coloque no desidratador a 40 °C por cerca de 1 hora. É preciso que o patê endureça levemente por fora, mas que os cogumelos fiquem suculentos.

Antes de servir, enfeite com ½ colher (chá) de creme fresco e salpique sementes de cânhamo sem a casca e salsinha picada.

Dica: para variar, experimente esta receita com 4 lindos cogumelos portobello!

Conservam-se por 4 dias na geladeira em recipiente hermético.

---

125 ML OU ½ XÍCARA (CHÁ) DE MOLHO TAMARI SEM TRIGO

1 ½ DENTE DE ALHO PICADO OU ½ COLHER (SOPA) DE PASTA DE ALHO (VER P. 25)

250 ML OU 1 XÍCARA (CHÁ) DE ÁGUA

½ COLHER (SOPA) DE TOMILHO

½ COLHER (CHÁ) DE PIMENTA-DO-REINO MOÍDA

Marinada para cogumelos

RENDIMENTO **2 XÍCARAS (CHÁ)**

Com um batedor (fouet), misture todos os ingredientes da marinada.

Esta marinada pode ser utilizada com outros tipos de cogumelo ou legumes.

Conserva-se por 1 mês na geladeira em recipiente hermético.

Bruschetta Olivetta

PREPARO 5 MINUTOS
RENDIMENTO 20 BRUSCHETTAS: 4 ENTRADAS OU 2 PRATOS PRINCIPAIS

1/3 DE RECEITA DE TAPENADE (VER P. 88)
20 PÃES DE CEBOLA (VER P. 114)
3 COLHERES (SOPA) DE QUEIJO DE CASTANHAS-DE-CAJU (VER P. 97)
SELETA (VER ABAIXO)

Unte cada pão de cebola com 1 a 2 colheres (chá) de tapenade.

Com um saco de confeiteiro ou frasco como os de ketchup, acrescente 1 colher (chá) de queijo de castanhas-de-caju em cada bruschetta.

Servir com seleta.

---

1 COLHER (SOPA) DE CEBOLA PICADA
1/2 PIMENTÃO VERMELHO OU AMARELO CORTADO EM CUBOS
1/4 DE TOMATE CORTADO EM CUBOS
UMA PITADA DE SAL MARINHO
UMA PITADA DE PIMENTA-DO-REINO MOÍDA
UMA PITADA DE SÁLVIA SECA OU FRESCA
1/4 DE COLHER (CHÁ) DE TOMILHO SECO OU FRESCO

Seleta

Em uma saladeira, misture todos os ingredientes.

Deixe descansar por 15-30 minutos. Descarte a água que se formar no fundo da tigela antes de usar a seleta.

Consumir em seguida.

Enroladinhos de abobrinha com ricota

PREPARO 10 MINUTES
RENDIMENTO 25 ENROLADINHOS: 6 ENTRADAS OU 3 PRATOS PRINCIPAIS
MATERIAL FATIADOR (MANDOLINE)

180 G OU 3/4 DE XÍCARA (CHÁ) DE RICOTA DE MACADÂMIA (VER P. 89)

250 G OU 1 ABOBRINHA GRANDE

1/4 DE PIMENTÃO VERMELHO, CORTADO EM 25 TIRAS FINAS

60 G OU 1 XÍCARA (CHÁ) DE BROTOS DE TREVO OU DE ALFAFA

Com o fatiador (mandoline), corte a abobrinha no sentido do comprimento, em 25 fatias finas.

Espalhe as fatias em uma superfície plana. Coloque ½ colher (sopa) de ricota de macadâmia em uma das pontas. Sobre a ricota, coloque uma tira de pimentão na transversal (deixe ultrapassar a largura da fatia). Salpique um punhado de brotos por cima.

Enrole bem cada fatia de abobrinha, começando pela borda recheada. Espete um palito em cada enroladinho, se preciso.

Para servir, arrume os enroladinhos em forma de flor.

Consumir em seguida.

Queijo enrolado

PREPARO 5 MINUTOS
RENDIMENTO 8 ROLINHOS: 4 ENTRADAS OU 2 PRATOS PRINCIPAIS

8 FATIAS DE QUEIJO (VER ABAIXO)

250 G OU 1 XÍCARA (CHÁ) DE PATÊ SILVESTRE (VER P. 92)

30 G OU 1/2 XÍCARA (CHÁ) CHEIA DE BROTOS DE GIRASSOL

LEGUMES (QUALQUER UM DE SUA ESCOLHA)

50 G OU 1/2 CENOURA MÉDIA CORTADA EM TIRAS

40 G OU 1/5 DE ABOBRINHA MÉDIA CORTADA EM TIRAS

40 G OU 1/2 XÍCARA (CHÁ) DE REPOLHO ROXO PICADO

Disponha as 8 fatias de queijo em uma superfície plana.

Com uma espátula, espalhe 2 colheres (sopa) de patê silvestre por toda a largura e até ⅔ do comprimento de cada fatia.

Espalhe brotos de girassol em toda a extensão. Acrescente uma fileira de cenoura, uma de abobrinha e outra de repolho roxo (ou os legumes de sua preferência).

Enrole as fatias, envolvendo o recheio, e espete um palito em cada rolinho, se necessário, para não abrir.

Consumir em seguida.

---

150 G OU 1 XÍCARA (CHÁ) DE CASTANHAS-DE-CAJU

120 G OU 1 XÍCARA (CHÁ) DE PIMENTÃO VERMELHO CORTADO GROSSEIRAMENTE

1/4 DE ABÓBORA-CHEIROSA (OU PAULISTA) MÉDIA CORTADA EM CUBOS

2 COLHERES (CHÁ) DE PIMENTA JALAPEÑO PICADA FINO

2 COLHERES (SOPA) DE SUCO DE LIMÃO-SICILIANO

4 COLHERES (CHÁ) DE MOLHO TAMARI SEM TRIGO

2 DENTES DE ALHO PICADOS OU 2 COLHERES (CHÁ) DE PASTA DE ALHO (VER P. 25)

4 COLHERES (CHÁ) DE AZEITE DE OLIVA

2 COLHERES (SOPA) DE LEVEDURA NUTRICIONAL

6 COLHERES (SOPA) DE ÁGUA

2 COLHERES (SOPA) DE SAL MARINHO

2 COLHERES (CHÁ) DE PSÍLIO

Queijo fatiado

DEMOLHA 4 HORAS
PREPARO 20 MINUTOS
DESIDRATAÇÃO CERCA DE 10 HORAS
RENDIMENTO 18 FATIAS
MATERIAL LIQUIDIFICADOR, FOLHAS DE TEFLEX (OU PAPEL-MANTEIGA)

Deixe as castanhas-de-caju de molho por 4 horas. Escorra e descarte a água da demolha.

Coloque todos os ingredientes no liquidificador, exceto o psílio, e bata até obter uma pasta uniforme.

Acrescente o psílio e bata de novo para incorporá-lo.

Despeje a pasta em uma tigela e deixe descansar por 10 minutos, tempo suficiente para que o psílio produza a mucilagem.

Espalhe 500 ml ou 2 xícaras (chá) da mistura sobre uma folha de teflex, deixando uma borda livre. Nivele com uma espátula, de preferência de cabo inclinado.

Com uma faca sem serra ou espátula, divida cada placa em 9 quadrados (3 x 3).

Repita a operação com o restante da mistura.

Coloque no desidratador a 40 °C por 10 horas. As fatias de queijo estarão prontas quando se separarem sem quebrar e não grudar mais ao toque.

Conserva-se por 2 semanas na geladeira em recipiente hermético.

Tagliatelle ao pesto

PREPARO 10 MINUTOS
RENDIMENTO 4 ENTRADAS OU 2 PRATOS PRINCIPAIS
MATERIAL FATIADOR (MANDOLINE) OU DESCASCADOR DE LEGUMES

400 G OU 2 ABOBRINHAS MÉDIAS COM AS PONTAS APARADAS

60 ML OU ¼ DE XÍCARA (CHÁ) DE PESTO DE PISTACHE COM MANJERICÃO (VER P. 93) OU, PARA UMA RECEITA MAIS LEVE, 20 FOLHAS MÉDIAS DE MANJERICÃO PICADAS

½ COLHER (CHÁ) DE SAL MARINHO

½ DENTE DE ALHO PICADO OU ½ COLHER (CHÁ) DE PASTA DE ALHO (VER P. 25)

1 COLHER (SOPA) DE AZEITE DE OLIVA

6 AZEITONAS GREGAS SEM CAROÇO PICADAS

2 COLHERES (SOPA) DE PINOLI

Com o fatiador (mandoline) ou o descascador de legumes, corte as abobrinhas em fatias longas e finas. Depois, corte essas fatias em tiras para formar o tagliatelle.

Em uma saladeira, misture o tagliatelle de abobrinha com o pesto, o sal, o alho e o azeite de oliva.

Distribua entre os pratos de servir e decore com as azeitonas picadas e o pinoli.

Consumir em seguida.

GORDURAS BOAS E RUINS

Dividimos a grande família das gorduras em três categorias de ácidos graxos saturados: monoinsaturados e poli-insaturados.

Toda gordura é formada por cadeias de átomos de carbono de comprimentos diferentes, rodeados de átomos de hidrogênio. Quanto mais átomos de hidrogênio contiver a gordura, mais saturada será.

Qualquer óleo, ou gordura natural, contém as três categorias de saturação em vários graus. Por exemplo, no azeite de oliva, considerado monoinsaturado, predominam as cadeias monoinsaturadas, mas há também gorduras saturadas e poli-insaturadas. É essencial consumir as três famílias de gorduras, porque cada uma tem um papel diferente no organismo.

Quanto mais curta for a cadeia, menor será a energia de que o corpo precisa para digeri-la. Quanto menor for o nível de saturação, como no caso dos óleos de cânhamo ou de linhaça, maiores serão as chances de os ácidos graxos serem alterados pelo calor e desenvolverem radicais livres.

Recomendamos o consumo de ácidos graxos poli-insaturados em sua forma original, como nas sementes de cânhamo ou de chia inteiras. As gorduras monoinsaturadas, embora menos frágeis, frequentemente se encontram já alteradas e rançosas nas gôndolas dos supermercados. Mais uma vez, aconselhamos que sejam consumidas na forma integral, como no abacate, nas azeitonas, sementes de girassol, amêndoas e castanhas em geral.

O cozimento de gorduras monoinsaturadas ou poli-insaturadas provoca inevitavelmente a formação de radicais livres. O mais puro azeite se torna um veneno se cozido por tempo demais! É por esse motivo que recomendamos a utilização de gordura saturada de cadeias médias de ácidos graxos, como o óleo de coco. Trata-se de uma obra-prima da natureza para o corpo humano. Já que contém de 8 a 12 átomos de carbono, ele pode ser rapidamente transformado em glicogênio ou proteína, constituindo assim um formidável combustível para os atletas.

Essencial ENTRADAS

Niguiris de couve-flor

PREPARO 15 MINUTOS
RENDIMENTO 10 UNIDADES: 4 ENTRADAS OU 2 PRATOS PRINCIPAIS
MATERIAL PROCESSADOR

1 FOLHA DE NORI

1/2 MANGA OU 1/2 ABACATE BEM MADURO

20 FRAMBOESAS

ARROZ DE COUVE-FLOR

600 G OU 1 COUVE-FLOR MÉDIA

UMA PITADA DE PIMENTA-DO-REINO MOÍDA

2 COLHERES (CHÁ) DE VINAGRE DE ARROZ

1 COLHER (CHÁ) DE SAL MARINHO

2 COLHERES (CHÁ) DE PSÍLIO

Coloque todos os ingredientes do arroz de couve-flor no processador. Bata até obter pedaços do tamanho de grãos de arroz. Deixe descansar por 15 minutos.

Agregue essa mistura em 15 bolinhas. Na palma da mão, molde as bolinhas em pequenos blocos com cerca de 7 cm de comprimento por 2,5 cm de largura e 4 cm de altura.

Corte a manga ou o abacate em fatias de cerca de 7 cm de comprimento por 2,5 cm de largura e 2 cm de altura.

Disponha um pedaço de manga ou de abacate sobre cada bloquinho de arroz de couve-flor.

Com uma tesoura, corte 10 tirinhas de nori de 1 cm x 6 cm.

Coloque cada niguiri sobre uma tirinha de nori. Molhe as duas pontas de cada tirinha com água antes de colá-las sobre o sushi.

Com um garfo, amasse levemente as framboesas para que soltem as sementes. Coloque o caviar de framboesa obtido sobre os niguiris.

Consumir em seguida.

Conserva-se por 4 dias na geladeira em recipiente hermético.

Endívias recheadas

PREPARO 15 MINUTOS
RENDIMENTO 8 ENDÍVIAS RECHEADAS: 4 ENTRADAS OU 2 PRATOS PRINCIPAIS

8 BELAS FOLHAS DE ENDÍVIA

CHUTNEY DE MANGA

200 G OU 1 XÍCARA (CHÁ) DE MANGA CORTADA EM CUBOS

125 G OU 1/2 ABOBRINHA CORTADA EM CUBOS

95 G OU 1/2 XÍCARA (CHÁ) DE PIMENTÃO VERMELHO PICADO FINO

25 G OU 1/4 DE XÍCARA (CHÁ) DE CEBOLA ROXA PICADA FINO

30 G OU 1/2 XÍCARA (CHÁ) CHEIA DE COENTRO FRESCO FINAMENTE PICADO

2 COLHERES (SOPA) DE SUCO DE LIMÃO-SICILIANO

1/4 DE COLHER (CHÁ) DE PIMENTA JALAPEÑO FINAMENTE PICADA OU UMA PITADA DE PIMENTA-DE-CAIENA EM PÓ

1/2 COLHER (CHÁ) DE SAL MARINHO

COMPLEMENTO

MOLHO DE CÂNHAMO (VER ABAIXO)

Misture todos os ingredientes do chutney de manga.

Recheie cada folha de endívia com cerca de 60 ml ou ¼ de xícara de chutney.

Decore com molho de cânhamo.

Consumir em seguida.

---

60 G OU 1/2 XÍCARA (CHÁ) DE CÂNHAMO
120 G OU 1 1/2 XÍCARA (CHÁ) DE COUVE-FLOR
60 ML OU 1/4 DE XÍCARA (CHÁ) DE ÓLEO DE GIRASSOL
125 ML OU 1/2 XÍCARA (CHÁ) DE AZEITE DE OLIVA
2 COLHERES (SOPA) DE VINAGRE DE MAÇÃ
185 ML OU 3/4 DE XÍCARA (CHÁ) DE ÁGUA
1 COLHER (CHÁ) DE SAL MARINHO
1 COLHER (SOPA) DE CEBOLINHA FRESCA PICADA
2 COLHERES (CHÁ) DE LEVEDURA NUTRICIONAL
1/4 DE COLHER (CHÁ) DE PIMENTA-DO-REINO MOÍDA

Molho de cânhamo

PREPARO 10 MINUTOS
RENDIMENTO 625 ML OU 2 1/2 XÍCARAS (CHÁ)
MATERIAL LIQUIDIFICADOR

Coloque todos os ingredientes no liquidificador e bata até obter um molho uniforme.

Conserva-se por 5 dias na geladeira em recipiente hermético.

Bombas de tomate ao pesto

PREPARO 15 MINUTOS
RENDIMENTO 4 ENTRADAS OU 2 PRATOS PRINCIPAIS

4 TOMATES MÉDIOS

90 G OU ½ XÍCARA (CHÁ) DE PESTO DE PISTACHE COM MANJERICÃO (VER P. 93)

2 COLHERES (SOPA) DE AZEITE DE OLIVA

2 COLHERES (SOPA) DE MOLHO DE ALHO COM ALCAPARRAS (OPCIONAL, VER P. 166)

25 G OU 1 XÍCARA (CHÁ) DE RÚCULA

90 G OU 1 XÍCARA (CHÁ) DE BROTOS DE GIRASSOL

40 G OU ¼ DE XÍCARA (CHÁ) DE ALCAPARRAS

20 G OU ¼ DE XÍCARA (CHÁ) DE CROÛTONS (VER P. 65)

Recorte a parte superior dos tomates e reserve. Retire a polpa, conservando-a para outra receita.

Em uma tigela, misture o pesto com o azeite e o molho de alho. Recheie os tomates com essa mistura.

Em seguida, acrescente a rúcula e os brotos de girassol. Coloque as alcaparras e os croûtons por cima. Por fim, reponha a tampa dos tomates antes de servir as bombas.

Consumir em seguida.

Tacos de alface

PREPARO 5 MINUTOS
RENDIMENTO 4 TACOS: 4 ENTRADAS OU 2 PRATOS PRINCIPAIS

- 4 BELAS FOLHAS DE ALFACE (OU DE COUVE-MANTEIGA)
- 190 ML OU 3/4 DE XÍCARA (CHÁ) DE PATÊ MEXICANO (VER P. 90)
- 1 ABACATE CORTADO EM FATIAS
- 1/2 PIMENTÃO VERMELHO CORTADO EM TIRAS
- 75 G OU 1/2 XÍCARA (CHÁ) DE GRÃOS DE MILHO (CERCA DE UMA ESPIGA DEBULHADA)
- 30 G OU 1/3 DE XÍCARA (CHÁ) DE ALHO-PORÓ FINAMENTE FATIADO
- 4 RAMOS DE COENTRO (OPCIONAL)
- 1 COLHER (CHÁ) DE CHILI EM PÓ

No centro de cada folha de alface, coloque 3 colheres (sopa) de patê mexicano. Espalhe o patê no sentido do comprimento.

Acrescente as fatias de abacate, as tiras de pimentão vermelho, 2 colheres (sopa) de grãos de milho, o alho-poró e um ramo de coentro (se quiser). Salpique o chili.

Ao servir, deixe os tacos abertos nos pratos. Enrola-se as folhas para comer.

Consumir em seguida.

Torre de tomates e guacamole

PREPARO 10 MINUTOS
PORÇÕES 4 ENTRADAS OU 2 PRATOS PRINCIPAIS
MATERIAL ARO DE METAL

350 G OU 2 TOMATES MÉDIOS

TARTAR DE MILHO E ABACATE
450 G OU 2 ABACATES CORTADOS EM CUBOS
75 G OU ½ XÍCARA (CHÁ) DE GRÃOS DE MILHO (1 ESPIGA DEBULHADA)
2 COLHERES (SOPA) DE TOMATES SECOS PICADOS
2 COLHERES (SOPA) CHEIAS DE COENTRO FINAMENTE PICADO
250 G OU ½ TALO DE SALSÃO EM CUBOS
UMA PITADA DE SAL MARINHO
UMA PITADA DE COMINHO EM PÓ
½ COLHER (CHÁ) DE PIMENTA-CALABRESA EM FLOCOS
RASPAS E SUCO DE 1 LIMÃO-TAITI
120 G OU 2 XÍCARAS (CHÁ) DE BROTOS DE RÚCULA

Corte os tomates em cubos e escorra o excesso de líquido.

Reserve. Em uma tigela, coloque os ingredientes do tartar de milho e abacate. Misture delicadamente.

Posicione o aro de metal no centro do prato de servir. Ao redor do aro, espalhe os brotos de rúcula.

No fundo do aro, coloque 3 colheres (sopa) do tartar. Aperte com uma colher para socá-lo sem esmagar. Coloque 3 colheres (sopa) de tomate por cima e a seguir 2 colheres (sopa) do tartar. Finalize com 2 colheres (sopa) de tomate e aperte com a colher para formar uma torre compacta, com cuidado para não esmagar os ingredientes.

Repita a operação nos demais pratos.

Consumir em seguida.

Pratos principais

Pizza La Nuit

PREPARO **5 MINUTOS**
PORÇÕES **4**
MATERIAL **FATIADOR ESPIRAL**

4 MASSAS DE PIZZA (VER P. 115)

190 ML OU 3/4 DE XÍCARA (CHÁ) DE MOLHO DE TOMATE SECO (VER P. 160)

125 ML OU 1/2 XÍCARA (CHÁ) DE TAPENADE (VER P. 88)

3/4 DE ABOBRINHA MÉDIA CORTADA EM ESPAGUETE COM O FATIADOR ESPIRAL

25 G OU 1 XÍCARA (CHÁ) DE RÚCULA

TALOS DE UM BULBO DE ERVA-DOCE CORTADOS EM RODELAS FINAS

2 COLHERES (SOPA) DE CRUMESÃO (VER P. 161)

Sobre cada pizza, espalhe 3 colheres (sopa) de molho de tomate seco e 2 colheres (sopa) de tapenade. Cubra com o espaguete de abobrinha e a rúcula. Finalize com cerca de 10 rodelas de talos de erva-doce.

Corte as pizzas em quatro pedaços iguais.

Salpique o crumesão.

Consumir em seguida.

Pizza Le Jour

PREPARO **10 MINUTOS**
PORÇÕES **4**
MATERIAL **FATIADOR (MANDOLINE)**

4 MASSAS DE PIZZA (VER P. 115)

180 ML OU 3/4 DE XÍCARA (CHÁ) DE MOLHO DE ALHO COM ALCAPARRAS (VER P. 166)

4 TOMATES CORTADOS EM FATIAS BEM FINAS

24 FATIAS DE BACON DE BERINJELA (VER P. 166) CORTADAS EM PEDAÇOS

1 XÍCARA (CHÁ) DE ESPINAFRE PICADO GROSSEIRAMENTE

60 ML OU 1/4 DE XÍCARA (CHÁ) DE CREME FRESCO (VER P. 177)

25 G OU 1/4 DE XÍCARA (CHÁ) DE COGUMELOS DRENADOS (VER P. 172)

Sobre cada pizza, espalhe 3 colheres (sopa) de molho de alho, cubra com as fatias de tomate, espalhe os pedaços de bacon de berinjela, o espinafre picado e os cogumelos drenados.

Finalize com 1 colher (sopa) de creme fresco.

Corte as pizzas em quatro pedaços iguais.

Consumir em seguida.

Dona Quichette

PREPARO **20 MINUTOS**
PORÇÕES **4 A 6**
MATERIAL **LIQUIDIFICADOR, PANELA**

1 RECEITA DE MASSA DE QUICHE (VER ABAIXO)

125 ML OU 1/2 XÍCARA (CHÁ) DE LEGUMES CORTADOS EM CUBOS: CEBOLA, COUVE-FLOR, PIMENTÃO, ABOBRINHA, BRÓCOLIS

15 G OU 2 COLHERES (SOPA) DE CEBOLA GROSSEIRAMENTE PICADA

75 G OU 1 CENOURA SEM CASCA GROSSEIRAMENTE PICADA

75 G OU 1/2 ABOBRINHA MÉDIA COM AS PONTAS APARADAS GROSSEIRAMENTE PICADA

2 COLHERES (SOPA) DE MOLHO TAMARI SEM TRIGO

1/2 DENTE DE ALHO OU 1/2 COLHER (CHÁ) DE PASTA DE ALHO (VER P. 25)

20 G OU 1/2 XÍCARA (CHÁ) DE ESPINAFRE

100 G OU 2/3 DE XÍCARA (CHÁ) DE CASTANHAS-DE-CAJU

125 ML OU 1/2 XÍCARA (CHÁ) DE ÁGUA

UMA PITADA DE PIMENTA-DO-REINO MOÍDA

1 COLHER (CHÁ) DE CÚRCUMA EM PÓ

1 COLHER (CHÁ) DE LEVEDURA NUTRICIONAL

1/4 DE COLHER (CHÁ) DE SAL MARINHO

MISTURA DE ÁGUA E ÁGAR-ÁGAR

1 COLHER (CHÁ) DE ÁGAR-ÁGAR

125 ML OU 1/2 XÍCARA (CHÁ) DE ÁGUA

Espalhe a massa no fundo de uma fôrma para torta com 15 cm de diâmetro.

Coloque os legumes em uma tigela grande. Reserve.

No liquidificador, bata os demais ingredientes, exceto a mistura de água e ágar-ágar, até obter um líquido uniforme.

Em uma panela, leve a mistura de água e ágar-ágar ao fogo, mexendo sempre. Deixe ferver por 2 minutos e despeje no liquidificador, batendo sempre. Após 10 segundos, despeje o preparado na tigela de legumes e misture com uma espátula.

Coloque o conteúdo sobre a massa e leve à geladeira sem cobrir. O ágar-ágar demora cerca de 1 hora para ficar totalmente firme. Durante esse tempo, é importante não mexer na quiche.

Conserva-se por 4 dias na geladeira coberta com filme PVC.

---

25 G OU 1/4 DE XÍCARA (CHÁ) DE TOMATE SECO GROSSEIRAMENTE PICADO

2 COLHERES (SOPA) DE ÁGUA

80 G OU 3/4 DE XÍCARA (CHÁ) DE NOZES

70 G OU 1/2 XÍCARA (CHÁ) DE CASTANHAS-DO-PARÁ

2 COLHERES (SOPA) DE TRIGO-SARRACENO GERMINADO E DESIDRATADO (VER P. 25)

1 COLHER (SOPA) DE ÓLEO DE COCO DERRETIDO

1/2 DENTE DE ALHO OU 1/2 COLHER (CHÁ) DE PASTA DE ALHO (VER P. 25)

1/4 DE COLHER (CHÁ) DE SAL MARINHO

Massa para quiche

DEMOLHA **5 MINUTOS**
PREPARO **10 MINUTOS**
RENDIMENTO **1 QUICHE**
MATERIAL **PROCESSADOR**

Coloque o tomate seco na água e deixe de molho enquanto prepara os demais ingredientes.

No processador, misture as nozes, as castanhas-do-pará e o trigo-sarraceno até picar bem. O trigo-sarraceno nunca fica totalmente picado.

Acrescente o tomate seco e os demais ingredientes no processador e bata até obter uma massa uniforme, vermelha e lisa.

Conserva-se por 2 semanas na geladeira em recipiente hermético.

Lasanha pura vida

PREPARO **60 MINUTOS**
RENDIMENTO **8 PORÇÕES**
MATERIAL **FATIADOR (MANDOLINE)**

425 G OU 2-3 ABOBRINHAS MÉDIAS COM AS PONTAS APARADAS

600 G OU 2 ½ XÍCARAS (CHÁ) DE MOLHO DE TOMATE SECO (VER ABAIXO)

10 G OU ½ XÍCARA (CHÁ) DE FOLHAS DE MANJERICÃO FRESCO

160 G OU 2/3 DE XÍCARA (CHÁ) DE RICOTA DE MACADÂMIA (VER P. 89)

1 COLHER (SOPA) DE CRUMESÃO (VER P. 161)

1 COLHER (SOPA) CHEIA DE SALSINHA FINAMENTE PICADA (SÓ AS FOLHAS)

Com o fatiador (mandoline), corte as abobrinhas em fatias finas (2 mm) no sentido do comprimento, para formar a massa da lasanha.

No fundo de uma travessa quadrada (20 x 20 cm), forme um leito de massa de abobrinha, composto de 2 ou 3 camadas de lâminas finas, arranjadas sem deixar espaço entre as fatias.

Recheie com 160 g ou ¾ de xícara (chá) de molho de tomate seco.

Continue a montagem da lasanha alternando: uma camada de abobrinha, 160 g ou ¾ de xícara (chá) de molho de tomate seco, uma camada de manjericão fresco, outra camada de abobrinha, uma camada de ricota de macadâmia – misture com ½ colher (sopa) de água se estiver firme demais –, outra de abobrinha e o restante do molho de tomate seco.

Salpique salsinha picada.

Corte cuidadosamente com uma faca bem afiada e polvilhe cada porção com crumesão.

Conserva-se por 5 dias na geladeira em recipiente hermético.

---

450 G OU 3 TOMATES MÉDIOS

125 G OU 1 ¼ XÍCARA (CHÁ) DE TOMATE SECO

1 COLHER (SOPA) DE UVAS-PASSAS CLARAS

60 G OU ½ XÍCARA (CHÁ) DE CENOURA GROSSEIRAMENTE PICADA

60 G OU ½ XÍCARA (CHÁ) DE CEBOLA GROSSEIRAMENTE PICADA

1 DENTE DE ALHO OU 1 COLHER (CHÁ) DE PASTA DE ALHO (VER P. 25)

½ COLHER (SOPA) DE AZEITE DE OLIVA

½ COLHER (CHÁ) DE CHILI EM PÓ

½ COLHER (CHÁ) DE ORÉGANO SECO

½ COLHER (CHÁ) DE SEMENTES DE SALSÃO

2 COLHERES (SOPA) DE SALSINHA FRESCA PICADA

2 COLHERES (SOPA) DE MANJERICÃO FRESCO PICADO

Molho de tomate seco

PREPARO **25 MINUTOS**
RENDIMENTO **775 G OU 2 ¾ XÍCARAS (CHÁ)**
MATERIAL **LIQUIDIFICADOR**

No liquidificador, bata o tomate até obter um purê. Acrescente o tomate seco e as uvas-passas, deixando-os de molho no preparado por 10 minutos. Bata a mistura e adicione os demais ingredientes, exceto a salsinha e o manjericão. Quando o molho tiver apenas pedacinhos de legumes, acrescente as ervas e bata por 5 segundos para incorporá-las rapidamente ao molho.

Conserva-se por 10 dias na geladeira em recipiente hermético.

140 G OU 1 XÍCARA (CHÁ) DE CASTANHAS-DO-PARÁ
1/4 DE DENTE DE ALHO PICADO OU 1/4 DE COLHER (CHÁ) DE PASTA DE ALHO (VER P. 25)
1/4 DE COLHER (CHÁ) DE SAL MARINHO
UMA PITADA DE PIMENTA-DO-REINO MOÍDA

Crumesão

PREPARO 5 MINUTOS
RENDIMENTO CERCA DE 150 G OU 1 XÍCARA (CHÁ)
MATERIAL PROCESSADOR

Coloque todos os ingredientes no processador e bata rapidamente, com o botão "pulsar", até obter uma mistura granulada, porém crocante.

Conserva-se por 2 semanas na geladeira em recipiente hermético.

OM búrguer

PREPARO 5 MINUTOS
PORÇÕES 4

4 HAMBÚRGUERES DE ALMÔNDEGA (VER ABAIXO)

8 CHAPATIS (VER P. 119)

A GOSTO: KETCHUP (VER P. 169), MOLHO DE ALHO COM ALCAPARRAS (VER P. 166) OU MOSTARDA CASEIRA (VER ABAIXO)

A GOSTO: ALFACE, TOMATE, CEBOLA FATIADA, BROTOS DE TREVO, AZEITONAS PRETAS

Espalhe o ketchup sobre o chapati, coloque 1 folha de alface, o hambúrguer de almôndega, tomate ou cebola e o broto de trevo. Passe a mostarda caseira sobre a outra fatia de chapati e feche o sanduíche.

Sirva em seguida.

---

100 G OU 1 XÍCARA (CHÁ) DE TOMATE SECO

200 G OU 1 ABOBRINHA MÉDIA COM AS PONTAS APARADAS GROSSEIRAMENTE PICADA

200 G OU 2 XÍCARAS (CHÁ) CHEIAS DE COGUMELOS-DE-PARIS FRESCOS PICADOS

100 G OU 1 XÍCARA (CHÁ) DE CEBOLA GROSSEIRAMENTE PICADA

4 CENOURAS RALADAS

120 G OU 1 XÍCARA (CHÁ) DE PIMENTÃO VERMELHO COM AS PONTAS APARADAS GROSSEIRAMENTE PICADO

3 COLHERES (SOPA) DE MOLHO TAMARI SEM TRIGO

1 COLHER (SOPA) DE ALECRIM SECO

2 COLHERES (SOPA) DE ORÉGANO SECO

1 COLHER (CHÁ) DE PIMENTA-DO-REINO MOÍDA

UMA PITADA DE PIMENTA-DE-CAIENA EM PÓ

120 G OU 1 XÍCARA (CHÁ) DE LINHAÇA MOÍDA

Hambúrguer de almôndega

PREPARO 40 MINUTOS
DESIDRATAÇÃO MALPASSADA: 6-8 H; AO PONTO: 8-10 H
RENDIMENTO 10 UNIDADES
MATERIAL PROCESSADOR, DESIDRATADOR

Coloque os tomates secos em uma tigela com um pouco de água. Deixe de molho por 5 minutos e escorra.

Coloque todos os ingredientes no processador exceto a linhaça moída. Bata por cerca de 1 minuto. A mistura deve ficar homogênea, porém com pedaços de legumes. Despeje em um recipiente grande e acrescente a linhaça. Misture com as mãos até que a massa fique pegajosa.

Com as mãos ou com a ajuda de um molde, achate as almôndegas em hambúrgueres com 10 cm de diâmetro. Utilize 125 g ou ½ xícara (chá) dessa mistura para cada um. Espalhe os hambúrgueres em 2 grelhas do desidratador. Desidrate-os a 40 °C por 6 horas. Vire-os no meio do processo. Os hambúrgueres devem ficar firmes, porém macios.

Para comer quente, desidrate de novo, antes de servir, por 30 minutos (malpassado) a 1 hora e 30 minutos (ao ponto), a 40 °C.

Conservam-se por 7 dias na geladeira em recipiente hermético.

---

40 G OU 1/4 DE XÍCARA (CHÁ) DE SEMENTES DE MOSTARDA

125 ML OU 1/2 XÍCARA (CHÁ) DE VINAGRE DE MAÇÃ

3 COLHERES (SOPA) DE AZEITE DE OLIVA

1 COLHER (CHÁ) DE XAROPE DE AGAVE

1/2 COLHER (CHÁ) DE CÚRCUMA EM PÓ

1/2 COLHER (CHÁ) DE SAL MARINHO

2 COLHERES (CHÁ) DE SÁLVIA SECA

Mostarda caseira

PREPARO 30 MINUTOS
DEMOLHA 10 MINUTOS
RENDIMENTO 250 ML OU 1 XÍCARA (CHÁ)
MATERIAL LIQUIDIFICADOR

Deixe as sementes de mostarda de molho por 30 minutos. Em seguida, filtre para retirar toda a água possível. Descarte a água da demolha.

Bata as sementes no liquidificador com os demais ingredientes, até obter uma mostarda uniforme e lisa. Isso leva alguns minutos.

Para variar, tempere a mostarda com ervas, frutas ou especiarias de sua preferência.

Conserva-se por 6 meses na geladeira em recipiente hermético.

Portobello com ricota de espinafre

PREPARO 10 MINUTOS
MARINADA 1 HORA
DESIDRATAÇÃO CERCA DE 2 HORAS
PORÇÕES 4
MATERIAL DESIDRATADOR

4 PORTOBELLOS LIMPOS E SEM OS TALOS

1/4 DE RECEITA DE MARINADA PARA COGUMELOS (VER P. 135)

120 G OU 1/2 XÍCARA (CHÁ) DE RICOTA DE MACADÂMIA (VER P. 89)

UM BOM PUNHADO DE ESPINAFRE PICADO

Deixe os chapéus dos portobellos na marinada por 1 hora.

Em uma tigela, misture a ricota de macadâmia com o espinafre picado. Recheie os cogumelos com essa mistura.

Espalhe os portobellos recheados sobre as grelhas e desidrate a 40 °C por 2 horas. O recheio vai endurecer, mas o conjunto deve ficar úmido.

Conserva-se por 3 dias na geladeira em recipiente hermético.

Para limpar os portobellos, é sempre preferível esfregá-los com um pincel, escova ou pano. Lavá-los diminui o sabor e modifica a textura, além de deixá-los cheios de água.

Triplo

PREPARO 5 MINUTOS
PORÇÕES 4

24 FATIAS DE BACON DE BERINJELA (VER ABAIXO)
8 FATIAS DE PÃO MEDITERRÂNEO COM AMÊNDOAS (VER P. 118)
A GOSTO: MOLHO DE ALHO COM ALCAPARRAS (VER ABAIXO)
A GOSTO: ALFACE, TOMATE EM RODELAS, BROTOS DE TREVO

Corte as fatias de bacon de berinjela em pedaços de 2 cm de comprimento.

Recheie as fatias de pão com o molho de alho com alcaparras e acrescente alface, tomate, bacon de berinjela e brotos de trevo.

Consumir em seguida.

---

350 G DE BERINJELA SEM CASCA (1 BERINJELA GRANDE)

MARINADA
2 COLHERES (SOPA) DE MOLHO TAMARI SEM TRIGO OU DE MOLHO SHOYU PROBIÓTICO CRU OU DE MOLHO SHOYU MACROBIÓTICO
2 COLHERES (SOPA) DE XAROPE DE AGAVE
1/4 DE COLHER (CHÁ) DE PIMENTA CHIPOTLE EM PÓ
1/2 COLHER (SOPA) DE TOMATE SECO
2 COLHERES (CHÁ) DE AZEITE DE OLIVA

Bacon de berinjela

PREPARO 20 MINUTOS
DESIDRATAÇÃO 4-6 HORAS
RENDIMENTO 30 FATIAS
MATERIAL FATIADOR (MANDOLINE), DESIDRATADOR

Com o fatiador (mandoline), fatie a berinjela em lâminas finas, de 0,5 cm de espessura, no sentido do comprimento.

Numa tigela, misture todos os ingredientes da marinada com o batedor (fouet). Coloque as fatias de berinjela na marinada e misture bem para que fiquem impregnadas.

Espalhe as fatias de berinjela sobre 1-2 grelhas de desidratador, tomando cuidado para que não fiquem dobradas ou sobrepostas. Desidrate a 40 °C por 4-6 horas.

Conserva-se por 2 meses na geladeira em recipiente hermético.

---

2 COLHERES (SOPA) DE VINAGRE DE MAÇÃ
2 COLHERES (SOPA) DE SUCO DE LIMÃO-SICILIANO
300 G OU 2 XÍCARAS (CHÁ) DE CASTANHAS-DE-CAJU
1 DENTE DE ALHO OU 1 COLHER (CHÁ) DE PASTA DE ALHO (VER P. 25)
2 COLHERES (SOPA) CHEIAS DE ALCAPARRAS

Molho de alho com alcaparra

PREPARO 10 MINUTOS
RENDIMENTO 500 ML OU 2 XÍCARAS (CHÁ)
MATERIAL PROCESSADOR

Coloque todos os ingredientes, menos as alcaparras, no processador e triture até obter um molho cremoso e liso.

Acrescente as alcaparras e misture rapidamente com o botão "pulsar", de maneira a conservar pequenos pedaços de alcaparra.

Conserva-se por 2 semanas na geladeira em recipiente hermético.

Torre chinesa

PREPARO 30 MINUTOS
PORÇÕES 15
MATERIAL LIQUIDIFICADOR E ARO

1 RECEITA DE CARNE DE LENTILHA (VER ABAIXO)

500 G OU 3 XÍCARAS (CHÁ) DE GRÃOS DE MILHO CRUS

½ COLHER (CAFÉ) DE SAL MARINHO

PÁPRICA PARA SALPICAR

PURÊ

425 G OU ½ COUVE-FLOR MÉDIA GROSSEIRAMENTE PICADA

225 G OU ½ XÍCARA (CHÁ) DE CASTANHAS-DE-CAJU

2 DENTES DE ALHO OU 2 COLHERES (CHÁ) DE PASTA DE ALHO (VER P. 25)

2 COLHERES (SOPA) DE SUCO DE LIMÃO-SICILIANO

60 ML OU ¼ DE XÍCARA (CHÁ) DE AZEITE DE OLIVA

2 COLHERES (SOPA) DE LEVEDURA NUTRICIONAL

½ COLHER (CHÁ) DE PIMENTA-DO-REINO MOÍDA

1 ½ COLHER (CHÁ) DE SAL MARINHO

Espalhe a carne de lentilha no aro, sobre um prato refratário.

Em uma tigela, misture o milho e o sal. Coloque essa mistura sobre a carne de lentilha.

No liquidificador, bata os demais ingredientes até obter um purê uniforme e untuoso.

Espalhe o purê sobre a lentilha e o milho.

Salpique páprica e deixe na geladeira por 2 horas para que o patê fique firme.

Conserva-se por 4 dias na geladeira em recipiente hermético.

---

200 G OU 1 ½ XÍCARA (CHÁ) DE SEMENTES DE GIRASSOL

100 G OU 1 XÍCARA (CHÁ) DE PIMENTÃO VERMELHO EM CUBOS

100 G OU 2 TALOS DE SALSÃO EM CUBOS

150 G OU ¾ DE XÍCARA (CHÁ) DE LENTILHAS

1 DENTE PEQUENO DE ALHO OU ¾ DE COLHER (CHÁ) DE PASTA DE ALHO (VER P. 25)

75 G OU ¾ DE XÍCARA (CHÁ) DE CEBOLA FINAMENTE PICADA

12 G OU ¼ DE XÍCARA (CHÁ) CHEIA DE SALSINHA FINAMENTE PICADA

1 ½ COLHER (SOPA) DE SHOYU MACROBIÓTICO OU SHOYU PROBIÓTICO CRU

2 COLHERES (SOPA) DE LEVEDURA NUTRICIONAL

2 COLHERES (SOPA) DE ÓLEO DE GIRASSOL

2 COLHERES (SOPA) DE CEBOLINHA SECA

½ COLHER (CHÁ) DE PIMENTA-DO-REINO MOÍDA

1 COLHER (CHÁ) DE SAL MARINHO

Carne de lentilha

Deixe as lentilhas secas de molho por uma noite (cerca de 12 horas).

No dia seguinte, enxágue e escorra em pano muito fino de algodão ou náilon. Enxágue as lentilhas duas vezes por dia até que germinem e fiquem com o dobro do volume.

Importante: mantenha as lentilhas no escuro, em temperatura ambiente, durante toda a germinação.

Deixe as sementes de girassol de molho por 8 horas. Escorra e descarte a água da demolha.

No processador, coloque a lentilha, as sementes de girassol, o pimentão e o salsão em cubos e bata rapidamente até uniformizar. Despeje em uma tigela e adicione os demais ingredientes. Reserve.

2 TÂMARAS SEM CAROÇO OU 2 COLHERES (SOPA) DE PASTA DE TÂMARA (VER P. 25)
1 TOMATE MÉDIO
2 COLHERES (SOPA) DE AZEITE DE OLIVA
2 COLHERES (SOPA) DE VINAGRE DE MAÇÃ
70 G OU 1/2 XÍCARA (CHÁ) CHEIA DE TOMATE SECO
1/2 COLHER (CHÁ) DE CEBOLA EM PÓ
1/2 COLHER (CHÁ) DE ALHO EM PÓ
1/2 COLHER (CHÁ) DE CHILI EM PÓ
UMA PITADA DE CRAVO-DA-ÍNDIA EM PÓ

Ketchup

PREPARO 10 MINUTOS
RENDIMENTO 500 ML OU 2 XÍCARAS (CHÁ)
MATERIAL LIQUIDIFICADOR

Bata todos os ingredientes no liquidificador até obter uma pasta homogênea, vermelha e lisa; isso pode demorar alguns minutos.

Se o tomate tiver muito suco, o ketchup pode ficar ralo demais. Nesse caso, acrescente mais 2 colheres (sopa) de tomate seco e bata novamente.

Conserva-se por 3 semanas na geladeira em recipiente hermético.

Wrap incrível com chipotle

PREPARO 5 MINUTOS
PORÇÕES 4

80 ML OU 1/3 DE XÍCARA (CHÁ) DE MOLHO CHIPOTLE (VER P. 81)

350 G OU 2 1/2 XÍCARAS (CHÁ) DE QUINOA COZIDA E FRIA (VER ABAIXO)

4 FOLHAS DE ARROZ

1 COLHER (SOPA) DE GERGELIM BRANCO

4 FOLHAS DE NORI

4 BELAS FOLHAS DE ALFACE

1/2 PIMENTÃO VERMELHO CORTADO EM TIRAS

1 ABACATE FATIADO

1/4 DE CEBOLA ROXA CORTADA EM LÂMINAS BEM FINAS

120 G OU 2 XÍCARAS (CHÁ) DE BROTOS DE TREVO

Em uma tigela, misture o molho chipotle com a quinoa. Reserve.

Mergulhe uma folha de arroz em uma tigela com água morna antes de colocá-la sobre a mesa, deixando que ultrapasse a borda para enrolar melhor.

Salpique um pouco de gergelim na folha de arroz e então coloque uma folha de nori no centro dela.

Escolha uma ou duas belas folhas de alface e aperte as nervuras para que não rasguem ao serem enroladas. Com as folhas de alface, cubra até metade do comprimento (sobre a superfície que ultrapassa a borda) e ¾ da largura da folha de arroz. As folhas de alface não devem ficar sobrepostas.

Na base e em toda a largura da folha de alga nori, espalhe alternadamente 160 ml ou ⅔ de xícara (chá) de mistura de quinoa e chipotle, uma fileira de pimentão, uma de cebola e uma de abacate. Por fim, cubra com um generoso punhado de brotos de trevo.

Enrolar: primeiro, dobre a parte que ultrapassa a mesa por cima do recheio e aperte com as mãos para eliminar o ar. Dobre as laterais e enrole, pressionando de leve para que o wrap fique bem apertado.

Corte cada rolo na metade, formando 4 wraps.

Consumir em seguida.

---

200 G OU 1 XÍCARA (CHÁ) DE QUINOA
1/2 COLHER (CHÁ) DE ÓLEO DE GIRASSOL
415 ML OU 1 2/3 XÍCARA (CHÁ) DE ÁGUA
1/2 COLHER (CHÁ) DE SAL MARINHO

Quinoa cozida!

RENDIMENTO 3 XÍCARAS
COZIMENTO 15 MINUTOS

Enxágue bem os grãos de quinoa até que a água fique clara. Em uma panela, despeje a quinoa e os demais ingredientes.

Espere ferver, cubra e cozinhe em fogo brando por 10-15 minutos, até que a água seja absorvida.

Apague o fogo e deixe descansar com a panela tampada por 5 minutos. A quinoa estará pronta quando os grãos tiverem dobrado de volume e liberado o germe.

Deixe esfriar destampada antes de utilizá-la nos wraps.

Conserva-se por 5 dias na geladeira em recipiente hermético.

Canelone com cogumelo

PREPARO 15 MINUTOS
PORÇÕES 4
MATERIAL FATIADOR (MANDOLINE)

300 G OU 1 ½ ABOBRINHA COM AS PONTAS APARADAS

8 FOLHAS DE ESPINAFRE MÉDIAS

120 G OU ½ XÍCARA (CHÁ) DE RICOTA DE MACADÂMIA (VER P.89)

1 RECEITA DE COGUMELOS DRENADOS (VER ABAIXO)

125 ML OU ½ XÍCARA DE MOLHO DE TOMATE (VER ABAIXO)

Com o fatiador (mandoline), trabalhe com as abobrinhas no sentido do comprimento para obter 32 fatias suficientemente finas para ficarem flexíveis e serem dobradas sem se quebrar.

Numa superfície plana, sobreponha parcialmente, no sentido do comprimento, 4 fatias de abobrinha, que serão enroladas juntas para formar os canelones.

Em uma das extremidades das abobrinhas, coloque uma folha de espinafre, deixando-a ultrapassar a lateral.

Coloque uma bolinha equivalente a 1 colher (sopa) de ricota sobre a folha.

Acrescente 2 colheres (sopa) de cogumelos drenados (ver abaixo).

Segurando as fatias de abobrinha pela base, enrole o canelone.

Repita a operação com as demais fatias.

Para servir, espalhe no fundo do prato 2 colheres (sopa) de molho de tomate e coloque os canelones por cima.

Consumir em seguida.

---

50 G OU ½ XÍCARA (CHÁ) DE COGUMELOS-DE-PARIS FRESCOS FATIADOS

1 COLHER (CHÁ) DE SAL MARINHO

2 COLHERES (CHÁ) DE AZEITE DE OLIVA

¼ DE COLHER (CHÁ) DE PIMENTA-DO-REINO MOÍDA

Cogumelos drenados

Em uma saladeira, misture os cogumelos com o sal, a pimenta-do-reino e o azeite até que as fatias fiquem bem impregnadas. Deixe os cogumelos soltarem água por cerca de 15 minutos, até que encolham pela metade.

Descarte a água que se formar no fundo do recipiente antes de utilizar o preparado.

Consumir em seguida.

---

1 TOMATE MÉDIO

35 G OU ¼ DE XÍCARA (CHÁ) CHEIA DE TOMATE SECO

2 COLHERES (SOPA) DE AZEITE DE OLIVA

¼ DE COLHER (CHÁ) DE MANJERICÃO SECO OU 3 FOLHAS DE MANJERICÃO FRESCO

¼ DE COLHER (CHÁ) DE PÁPRICA PICANTE

UMA PITADA DE PIMENTA-DE-CAIENA EM PÓ

1 COLHER (CHÁ) DE XAROPE DE AGAVE

Molho de tomate

PREPARO 5 MINUTES
RENDIMENTO 1 XÍCARA (CHÁ)
MATERIAL LIQUIDIFICADOR

Bata todos os ingredientes no liquidificador até obter um molho sedoso e liso. Se o tomate tiver muito suco, acrescente até 2 colheres (sopa) de tomate seco picado para deixar o molho mais espesso.

Conserva-se por 10 dias na geladeira em recipiente hermético.

Torta de espinafre

PREPARO **20 MINUTOS**
PORÇÕES **8**
MATERIAL **LIQUIDIFICADOR**

- 1 RECEITA DE MASSA DE TORTA (VER P. 175)
- 50 G OU ½ XÍCARA (CHÁ) DE TOMATE SECO GROSSEIRAMENTE PICADO
- 125 ML OU ½ XÍCARA (CHÁ) DE ÁGUA
- 60 G OU 2 XÍCARAS (CHÁ) DE ESPINAFRE GROSSEIRAMENTE PICADO
- 1 COLHER (SOPA) CHEIA DE ENDRO FINAMENTE PICADO
- 2 COLHERES (SOPA) DE ÓLEO DE COCO DERRETIDO
- 1 DENTE DE ALHO OU 1 COLHER (CHÁ) DE PASTA DE ALHO (VER P. 25)
- 25 G OU ¼ DE XÍCARA (CHÁ) DE CEBOLA ROXA GROSSEIRAMENTE PICADA
- 100 G OU ½ ABOBRINHA SEM CASCA E COM AS PONTAS APARADAS
- 265 G OU ½ TALO DE SALSÃO GROSSEIRAMENTE PICADO
- 25 G OU ¼ DE COUVE-FLOR GROSSEIRAMENTE PICADA
- 75 G OU ½ XÍCARA (CHÁ) DE CASTANHAS-DE-CAJU
- 1 COLHER (SOPA) DE LEVEDURA NUTRICIONAL
- 1 ½ COLHER (SOPA) DE LECITINA DE SOJA
- ½ COLHER (CHÁ) DE SAL MARINHO
- ¼ DE COLHER (CHÁ) DE PIMENTA-DO-REINO MOÍDA

ACOMPANHAMENTO

- 120 G OU 4 XÍCARAS (CHÁ) DE ESPINAFRE FINAMENTE PICADO
- 30 G OU ½ XÍCARA (CHÁ) CHEIA DE ENDRO FINAMENTE PICADO

- 3 COLHERES (SOPA) DE AZEITE DE OLIVA
- ½ COLHER (SOPA) DE VINAGRE BALSÂMICO
- ¼ DE COLHER (CHÁ) DE SAL MARINHO
- UMA PITADA DE PIMENTA-DO-REINO MOÍDA
- 100 G OU 2 XÍCARAS (CHÁ) DE COGUMELOS-DE--PARIS FRESCOS FATIADOS

Deixe o tomate seco de molho na água. Reserve.

Forre o fundo de uma pequena travessa (20 x 20 cm) com a massa.

Espalhe o espinafre e o endro picado sobre a massa.

No liquidificador, bata os demais ingredientes e o tomate seco com a água da demolha até obter um líquido uniforme.

Despeje a mistura na fôrma.

Deixe na geladeira por cerca de 5 horas para que fique firme.

Na hora de servir a torta, espalhe sobre cada porção os cogumelos salteados (ver abaixo). Acrescente o acompanhamento: ½ xícara (chá) de espinafre e 1 colher (sopa) de endro por pessoa.

Cogumelos salteados

Com a ajuda de um batedor (fouet), misture o azeite, o vinagre balsâmico, o sal marinho e a pimenta-do-reino antes de juntar os cogumelos fatiados. Misture bem.

Espalhe o preparado sobre a grelha do desidratador.

Desidrate a 40 °C por cerca de 30 minutos.

Conserva-se de 5 a 7 dias na geladeira em recipiente hermético.

- 2 COLHERES (CHÁ) DE ÓLEO DE COCO DERRETIDO
- 90 G OU 2/3 DE XÍCARA (CHÁ) DE CASTANHAS-DO-PARÁ
- 30 G OU 1/3 DE XÍCARA (CHÁ) DE NOZES
- 3 COLHERES (SOPA) DE TOMATE SECO GROSSEIRAMENTE PICADO
- 25 G OU 1/4 DE XÍCARA (CHÁ) DE TRIGO-SARRACENO GERMINADO DESIDRATADO (VER P. 25)
- 1 1/2 COLHER (SOPA) DE KETCHUP (VER P. 169)
- 1 1/2 COLHER (SOPA) DE LINHAÇA MOÍDA

Massa para torta

PREPARO 10 MINUTOS
RENDIMENTO 1 MASSA
MATERIAL PROCESSADOR

Coloque todos os ingredientes no processador, exceto o ketchup e a linhaça. Bata até obter uma massa uniforme, com pequenos pedaços de castanha-do-pará.

Despeje em uma tigela e incorpore o ketchup e a linhaça moída. Misture bem.

Conserva-se por 2 semanas na geladeira em recipiente hermético.

Tacos supremos

PREPARO 5 MINUTOS
PORÇÕES 4

- 8 FOLHAS DE ALFACE
- 8 TORTILHAS (VER P. 112)
- 16 ALMÔNDEGAS SEM CARNE CORTADAS EM QUARTOS (VER P. 110)
- 8 COLHERES (SOPA) DE MOLHO CHIPOTLE (VER P. 81)
- 1 ABACATE CORTADO EM FATIAS
- ¼ DE PIMENTÃO VERMELHO CORTADO EM LÂMINAS
- 8 RAMOS DE COENTRO
- 90 G OU ½ XÍCARA (CHÁ) DE BROTOS DE TREVO
- CREME FRESCO (VER ABAIXO)
- ¼ DE RECEITA DE SALSA (VER ABAIXO)

Coloque uma folha de alface em cada tortilha. Acrescente 2 almôndegas em pedaços e 1 colher (sopa) de molho chipotle por cima.

Complete com fatias de abacate, lâminas de pimentão e 1 ramo de coentro e, por fim, acrescente um punhado de brotos de trevo.

Regue com creme fresco antes de fechar o taco. Sirva acompanhado de molho.

Consumir em seguida.

Salsa

- 1 TOMATE EM CUBINHOS
- 40 G OU ¼ DE XÍCARA (CHÁ) DE ABOBRINHA EM CUBINHOS
- 1 COLHER (SOPA) DE CEBOLA ROXA BEM PICADA
- 2 COLHERES (SOPA) DE COENTRO PICADO
- SUCO DE ¼ DE LIMÃO-SICILIANO OU DE LIMÃO-TAITI
- ½ COLHER (CHÁ) DE AZEITE DE OLIVA
- ½ COLHER (CHÁ) DE SAL MARINHO
- UMA PITADA DE PIMENTA-DE-CAIENA EM PÓ OU PEDACINHOS DE PIMENTA JALAPEÑO

PREPARO 10 MINUTOS
RENDIMENTO CERCA DE 250 ML OU 1 XÍCARA (CHÁ)

Misture todos os ingredientes.

Conserva-se por 1 semana na geladeira em recipiente hermético.

Creme fresco

- 150 G OU 1 XÍCARA (CHÁ) DE CASTANHAS-DE-CAJU
- 80 ML OU ⅓ DE XÍCARA (CHÁ) DE SUCO DE LIMÃO-SICILIANO
- 1 COLHER (CHÁ) DE SAL MARINHO

DEMOLHA 4 HORAS
PREPARO 10 MINUTOS
RENDIMENTO CERCA DE 250 ML OU 1 XÍCARA (CHÁ)
MATERIAL LIQUIDIFICADOR

Deixe as castanhas-de-caju de molho por 4 horas. Escorra e descarte a água da demolha.

Bata todos os ingredientes no liquidificador até obter um molho uniforme, cremoso e liso.

Para obter um creme mais líquido, adicione 2 colheres (sopa) de água.

É possível fazer essa receita sem deixar as castanhas-de-caju de molho; nesse caso, acrescente 60 ml ou ¼ de xícara (chá) de água.

Conserva-se por 1 semana na geladeira em recipiente hermético.

Panquecas florentinas

PREPARO 10 MINUTOS
PORÇÕES 4

4 PANQUECAS SALGADAS (VER P. 117)

110 G OU 3/4 DE XÍCARA (CHÁ) DE QUEIJO DE CASTANHAS-DE-CAJU (VER P. 97)

2 BONS PUNHADOS DE ESPINAFRE FINAMENTE CORTADOS

50 G OU 1/2 XÍCARA (CHÁ) DE TOMATE SECO

8 FOLHAS DE MANJERICÃO

LEGUMES MARINADOS (VER ABAIXO)

4 COLHERES (SOPA) DE CREME FRESCO (VER P. 177)

Recheie as panquecas salgadas com queijo de castanhas-de-caju. Acrescente o espinafre e o tomate seco, e depois o manjericão e os legumes marinados (a gosto).

Enrole as panquecas e acrescente 1 colher (sopa) de creme fresco sobre cada uma.

---

125 ML OU 1/2 XÍCARA (CHÁ) DE COGUMELOS-DE--PARIS FRESCOS FATIADOS

40 G OU 1/4 DE XÍCARA (CHÁ) DE CEBOLA ROXA EM RODELAS

80 G OU 1/2 XÍCARA (CHÁ) DE ABOBRINHA EM TIRAS

50 G OU 1/2 XÍCARA (CHÁ) DE BUQUÊS DE BRÓCOLIS

70 G OU 1/2 XÍCARA (CHÁ) DE PIMENTÃO VERMELHO EM CUBOS

MARINADA

2 COLHERES (SOPA) DE AZEITE DE OLIVA

2 COLHERES (SOPA) DE MOLHO SHOYU PROBIÓTICO CRU

1/2 COLHER (CHÁ) DE PIMENTA-DO-REINO MOÍDA

Legumes marinados

RENDIMENTO CERCA DE 250 ML OU 1 XÍCARA (CHÁ)

Em uma saladeira, deixe os legumes na marinada por 15 minutos.

Opcional: desidrate os legumes a 40 °C durante 1 hora.

Consumir em seguida.

Panquecas botânicas

PREPARO 10 MINUTOS
PORÇÕES 4

4 PANQUECAS SALGADAS (VER P. 117)

135 G OU 3/4 DE XÍCARA (CHÁ) DE PESTO DE PISTACHE COM MANJERICÃO (VER P. 93)

2 TOMATES MÉDIOS FATIADOS EM 6 RODELAS CADA UM

2 BONS PUNHADOS DE RÚCULA

40 G OU 1/4 DE XÍCARA (CHÁ) DE ALCAPARRAS

8 RODELAS MUITO FINAS DE CEBOLA ROXA

4 COLHERES (SOPA) DE CREME FRESCO (VER P. 177)

Recheie as panquecas com o pesto de pistache com manjericão. Acrescente os tomates, a rúcula, as alcaparras e a cebola.

Enrole as panquecas e acrescente 1 colher (sopa) de creme fresco sobre cada uma.

Consumir em seguida.

Espaguete ao pesto

PREPARO **10 MINUTOS**
PORÇÕES **4**
MATERIAL **FATIADOR ESPIRAL OU FATIADOR (MANDOLINE)**

1 MAÇÃ

1,5 KG OU 8 ABOBRINHAS MÉDIAS

135 G OU 3/4 DE XÍCARA (CHÁ) DE PESTO DE PISTACHE COM MANJERICÃO (VER P. 93)

2 COLHERES (SOPA) DE SUCO DE LIMÃO-SICILIANO

2 COLHERES (SOPA) DE AZEITE DE OLIVA

6 BONS PUNHADOS DE ESPINAFRE

250 ML OU 1 XÍCARA (CHÁ) DE COGUMELOS MARINADOS (VER ABAIXO)

30 G OU 1/4 DE XÍCARA (CHÁ) DE CRUMESÃO (VER P. 161)

OPCIONAL

16 ALMÔNDEGAS SEM CARNE (VER P. 110)

Com o fatiador espiral ou o fatiador (mandoline), corte a maçã e as abobrinhas em espaguetes.

Em uma saladeira, misture os espaguetes, o pesto, o suco de limão-siciliano e o azeite.

Para servir, faça um leito de folhas de espinafre em cada prato. Acrescente uma porção de espaguete com pesto, os cogumelos marinados e as almôndegas, a gosto. Salpique crumesão.

Consumir em seguida.

---

100 G OU 2 XÍCARAS (CHÁ) DE COGUMELOS-DE--PARIS FRESCOS FATIADOS

4 COLHERES (CHÁ) DE SAL MARINHO

4 COLHERES (CHÁ) DE AZEITE DE OLIVA

1 COLHER (CHÁ) DE PIMENTA-DO-REINO MOÍDA

Cogumelos marinados

RENDIMENTO **1 XÍCARA (CHÁ)**

Em uma tigela, misture bem os cogumelos com o sal, a pimenta--do-reino e o azeite. Deixe marinar por 15 minutos. Os cogumelos vão soltar água e ficar com metade do tamanho.

Descarte a água que se formar no fundo da tigela antes de usar os cogumelos.

Consumir em seguida.

Pad Thai

PREPARO 20 MINUTOS
PORÇÕES 4
MATERIAL FATIADOR (ESPIRAL OU MANDOLINE)

125 ML OU ½ XÍCARA (CHÁ) DE MOLHO PAD THAI (VER ABAIXO)

75 G OU ½ XÍCARA (CHÁ) DE CASTANHAS-DE-CAJU GROSSEIRAMENTE PICADAS

½ LIMÃO-TAITI CORTADO EM QUATRO

FOLHAS DE COENTRO INTEIRAS

MIX DE LEGUMES

300 G OU 1 ½ ABOBRINHA CORTADA EM ESPAGUETES COM O FATIADOR (ESPIRAL OU MANDOLINE)

350 G OU 1 NABO JAPONÊS MÉDIO CORTADO EM ESPAGUETES

100 G OU 1 XÍCARA (CHÁ) DE REPOLHO ROXO RALADO

30 G OU ¼ DE XÍCARA (CHÁ) DE CEBOLINHA PICADA

140 G OU 1 XÍCARA (CHÁ) DE PIMENTÃO VERMELHO CORTADO EM TIRAS

140 G OU 1 XÍCARA (CHÁ) DE PIMENTÃO AMARELO CORTADO EM TIRAS

120 G OU 2 XÍCARAS (CHÁ) DE BROTOS DE GIRASSOL

30 G OU ½ XÍCARA (CHÁ) CHEIA DE COENTRO GROSSEIRAMENTE PICADO

Em uma tigela, despeje todos os ingredientes do mix de legumes. Acrescente o molho pad thai e misture bem.

Para servir, coloque uma porção do mix em cada prato. Salpique as castanhas-de-caju. Enfeite com um gomo de limão-taiti e folhas de coentro inteiras.

---

50 G OU ¼ DE XÍCARA (CHÁ) DE PASTA DE TAMARINDO

60 ML OU ¼ DE XÍCARA (CHÁ) DE XAROPE DE AGAVE

60 ML OU ¼ DE XÍCARA (CHÁ) DE MOLHO TAMARI (SEM TRIGO)

2 COLHERES (SOPA) DE PIMENTA EM FLOCOS

2 DENTES DE ALHO OU 1 COLHER (SOPA) DE PASTA DE ALHO (VER P. 25)

60 ML OU ¼ DE XÍCARA (CHÁ) DE ÓLEO DE GIRASSOL

2 COLHERES (SOPA) DE ÁGUA

Molho pad thai

PREPARO 5 MINUTOS
RENDIMENTO 500 ML OU 2 XÍCARAS (CHÁ)

No liquidificador, bata todos os ingredientes até obter um molho espesso.

Conserva-se por 2 semanas na geladeira em recipiente hermético.

Espetinho teriyaki

PREPARO **20 MINUTOS**
MARINADA **1-8 HORAS**
DESIDRATAÇÃO **45 MINUTOS**
PORÇÕES **4**
MATERIAL **DESIDRATADOR, 8 ESPETOS DE MADEIRA**

1 ABOBRINHA MÉDIA CORTADA EM MEIA-LUA

1 PIMENTÃO VERMELHO CORTADO EM CUBOS GRANDES

1 PIMENTÃO AMARELO CORTADO EM CUBOS GRANDES

1 CEBOLA ROXA CORTADA EM 16 TRIÂNGULOS

8 COGUMELOS-DE-PARIS FRESCOS SEM OS TALOS

16 ALMÔNDEGAS SEM CARNE (VER P. 110)

Em cada espetinho de madeira, coloque alternadamente uma meia-lua de abobrinha, um triângulo de cebola roxa, um cubo de pimentão vermelho, uma almôndega, um cogumelo, uma almôndega, um cubo de pimentão amarelo, um triângulo de cebola roxa e uma meia-lua de abobrinha.

Com um pincel, unte bem os espetinhos com o molho teriyaki e deixe marinar na geladeira por 1-8 horas.

Coloque no desidratador a 40 °C por 45 minutos.

Sirva morno, de preferência.

Conserva-se por 5 dias na geladeira em recipiente hermético.

---

125 ML OU 1/2 XÍCARA (CHÁ) DE MOLHO TAMARI SEM TRIGO

2 TÂMARAS SEM CAROÇO OU 2 COLHERES (SOPA) DE PASTA DE TÂMARA (VER P. 25)

1 DENTE DE ALHO OU 1 COLHER (CHÁ) DE PASTA DE ALHO (VER P. 25)

1 1/2 COLHER (SOPA) DE GENGIBRE PICADO OU 1/2 COLHER (SOPA) DE SUCO DE GENGIBRE (VER P. 25)

1/4 DE COLHER (CHÁ) DE SUCO DE LIMÃO-SICILIANO

1 COLHER (SOPA) DE SUCO DE LARANJA

1/4 DE COLHER (CHÁ) DE ESSÊNCIA DE LARANJA

1/4 DE COLHER (CHÁ) DE ÓLEO DE GERGELIM TORRADO

UMA PITADA DE PIMENTA-DE-CAIENA EM PÓ

Molho teriyaki com laranja

PREPARO **10 MINUTOS**
RENDIMENTO **CERCA DE 190 ML OU 3/4 DE XÍCARA (CHÁ)**
MATERIAL **LIQUIDIFICADOR**

Coloque todos os ingredientes no liquidificador e bata até obter um molho uniforme.

Conserva-se por 2 semanas na geladeira em recipiente hermético.

Biscoitos de macadâmia

PREPARO **15 MINUTOS**
DESIDRATAÇÃO **CERCA DE 20 HORAS**
RENDIMENTO **35 BISCOITOS**
MATERIAL **DESIDRATADOR, LIQUIDIFICADOR**

50 G OU 1/3 DE XÍCARA (CHÁ) DE GENGIBRE COM CASCA GROSSEIRAMENTE PICADO

150 G DE AÇÚCAR MASCAVO

625 ML OU 2 1/2 XÍCARAS (CHÁ) DE LINHAÇA MOÍDA

325 G OU 3 XÍCARAS (CHÁ) DE POLPA DE CASTANHA FRESCA (A POLPA QUE FICA NO COADOR DEPOIS DE FAZER O LEITE DE CASTANHA)

1 COLHER (CHÁ) DE CANELA EM PÓ

UMA PITADA DE SAL MARINHO

No liquidificador, bata o gengibre, o açúcar mascavo e a água até obter uma mistura uniforme e lisa.

Acrescente a linhaça moída e bata de novo até incorporar.

Despeje a mistura em uma tigela e junte a polpa de castanha, a canela e o sal marinho. Misture até obter uma massa uniforme e pegajosa.

Coloque 2 colheres (sopa) de mistura, formando um montinho, sobre uma folha de teflex. Achate levemente com uma colher para formar biscoitos com cerca de 8 cm de diâmetro.

Desidrate a 40 °C por 15 horas.

Vire os biscoitos e coloque-os sobre as grelhas de desidratação. Desidrate por mais 5 horas para uniformizar a secagem. As bolachas devem ficar totalmente secas e crocantes.

Conservam-se por 2 semanas na geladeira em recipiente hermético.

Coco macamaca

PREPARO **15 MINUTOS**
DESIDRATAÇÃO **CERCA DE 12 HORAS**
RENDIMENTO **30 BISCOITOS**
MATERIAL **PROCESSADOR, DESIDRATADOR**

150 G OU 1 XÍCARA (CHÁ) DE MACADÂMIAS

400 G OU 1 1/2 XÍCARA (CHÁ) DE PASTA DE TÂMARA (VER P. 25)

1/2 COLHER (SOPA) DE GENGIBRE PICADO OU 1/2 COLHER (SOPA) DE SUCO DE GENGIBRE (VER P. 25)

2 COLHERES (SOPA) DE ÓLEO DE GIRASSOL

185 G OU 2 XÍCARAS (CHÁ) DE COCO RALADO

115 G OU 1 XÍCARA (CHÁ) DE TRIGO-SARRACENO DESIDRATADO (VER P. 25)

185 G OU 1 1/3 XÍCARA (CHÁ) DE UVAS-PASSAS ESCURAS

1 COLHER (SOPA) DE ESSÊNCIA DE BAUNILHA

1/4 DE COLHER (CHÁ) DE SAL MARINHO

1/2 COLHER (CHÁ) DE MACA EM PÓ

Pique as macadâmias grosseiramente no processador.

Com as mãos, misture as macadâmias trituradas com os demais ingredientes até obter uma massa uniforme.

Forme biscoitos com 35 g ou ¼ xícara (chá) de mistura e coloque-os em três grelhas de desidratador.

Desidrate a 40 °C por cerca de 12 horas. Os biscoitos devem ficar secos, porém sem esfarelar, e um pouco úmidos por dentro.

Conservam-se por 2 semanas na geladeira em recipiente hermético.

Musse de chocolate

PREPARO 15 MINUTOS
PORÇÕES 8
MATERIAL LIQUIDIFICADOR

75 G OU 1/3 DE XÍCARA (CHÁ) DE MANTEIGA DE CACAU
50 G OU 1/4 DE XÍCARA (CHÁ) DE ÓLEO DE COCO
270 G OU 3 XÍCARAS (CHÁ) DE COCO RALADO
1,125 LITRO OU 4 1/2 XÍCARAS (CHÁ) DE ÁGUA
180 G OU 1 1/2 XÍCARA (CHÁ) DE CACAU EM PÓ
170 ML OU 2/3 DE XÍCARA (CHÁ) DE XAROPE DE AGAVE
2 COLHERES (CHÁ) DE ESSÊNCIA DE BAUNILHA

No desidratador ou no banho-maria, derreta a manteiga de cacau e o óleo de coco. Se for no banho-maria, mexa sem parar de forma que a temperatura não ultrapasse 40 °C.

Enquanto isso, prepare um leite com 1,125 litro ou 4 ½ xícaras (chá) de água e o coco ralado (ver p. 22). Utilize 875 ml ou 3 ½ xícaras (chá) desse leite para a musse.

No liquidificador, bata o leite de coco com o cacau em pó, o xarope de agave e a essência de baunilha até obter um líquido homogêneo.

Incorpore o óleo de coco derretido, misturando na velocidade baixa por uns instantes, para que o chocolate não se separe.

Despeje a mistura em um recipiente e deixe na geladeira por 3 horas, para que fique firme.

Conserva-se por 7 dias na geladeira em recipiente hermético.

---

400 G OU 2 XÍCARAS (CHÁ) DE FRAMBOESAS FRESCAS OU CONGELADAS (RESERVE ALGUMAS PARA DECORAR)
2 COLHERES (SOPA) DE XAROPE DE AGAVE

Calda de framboesa

PREPARO 5 MINUTOS
RENDIMENTO 250 ML OU 1 XÍCARA (CHÁ)
MATERIAL LIQUIDIFICADOR

Coloque todos os ingredientes no liquidificador e bata por alguns minutos até que as sementes das framboesas desapareçam.

Se usar framboesa congelada, acrescente 60-190 ml ou ¼-¾ de xícara (chá) de água para obter uma calda suficientemente líquida.

Conserva-se por 1 semana na geladeira em recipiente hermético.

Torta de chocolate e banana

PREPARO 15 MINUTOS
PORÇÕES 10
MATERIAL PROCESSADOR, LIQUIDIFICADOR

MASSA DE COCO E MACADÂMIAS (VER ABAIXO)

300 G OU 2 XÍCARAS (CHÁ) DE CASTANHAS-DE-CAJU

230 G OU 2 BANANAS MÉDIAS BATIDAS EM PURÊ NO LIQUIDIFICADOR

250 ML OU 1 XÍCARA (CHÁ) DE ÁGUA

125 ML OU 1/2 XÍCARA (CHÁ) DE XAROPE DE AGAVE

35 G OU 1/4 DE XÍCARA (CHÁ) DE ALFARROBA EM PÓ

30 G OU 1/4 DE XÍCARA (CHÁ) DE CACAU EM PÓ

1/4 DE COLHER (CHÁ) DE CANELA EM PÓ

1/2 COLHER (CHÁ) DE ESSÊNCIA DE BAUNILHA

60 ML OU 1/4 DE XÍCARA (CHÁ) DE ÓLEO DE COCO DERRETIDO

2 COLHERES (SOPA) DE LECITINA DE GIRASSOL (OU LECITINA DE SOJA)

COBERTURA

30 RODELAS DE BANANA FRESCA OU DESIDRATADA, A GOSTO

2 COLHERES (SOPA) DE AMÊNDOAS DE CACAU TRITURADAS

Forre com a massa o fundo e as laterais de uma fôrma para torta de 22 cm de diâmetro.

No processador, bata as castanhas-de-caju até virar farinha.

Coloque a farinha de castanha no liquidificador e acrescente os demais ingredientes, exceto o óleo de coco e a lecitina. Bata até obter uma mistura lisa e uniforme.

Ainda batendo, junte o óleo de coco derretido e a lecitina. Misture por mais 30 segundos para incorporar bem.

Despeje rapidamente sobre a massa e coloque na geladeira por cerca de 4 horas, tempo necessário para que a torta fique firme.

Antes de servir, decore com as rodelas de banana e as amêndoas de cacau.

Conserva-se por 10 dias na geladeira em recipiente hermético, ou 4 meses no freezer.

---

75 G OU 1/2 XÍCARA (CHÁ) DE MACADÂMIAS
85 G OU 1 XÍCARA (CHÁ) DE COCO RALADO
3 TÂMARAS SEM CAROÇO PICADAS OU 2 1/2 COLHERES (SOPA) DE PASTA DE TÂMARA (VER P. 25)
1/4 DE COLHER (CHÁ) DE SAL MARINHO
1/2 COLHER (CHÁ) DE ESSÊNCIA DE BAUNILHA

Massa de coco e macadâmia

PREPARO 10 MINUTOS
RENDIMENTO 1 MASSA
MATERIAL PROCESSADOR

No processador, bata as macadâmias até conseguir pedaços pequenos.

Acrescente os demais ingredientes e bata até obter uma massa uniforme com a qual seja possível formar uma bola.

Conserva-se por 2 semanas na geladeira em recipiente hermético.

Torta de limão das Antilhas

PREPARO 15 MINUTOS
PORÇÕES 12
MATERIAL LIQUIDIFICADOR, PROCESSADOR, SACO DE CONFEITEIRO

MASSA DE COCO E MACADÂMIA (VER P. 192)

MUSSE DE ABACATE

300 G OU 1-2 ABACATES

190 ML OU ¾ DE XÍCARA (CHÁ) DE SUCO DE LIMÃO-SICILIANO OU DE LIMÃO-TAITI

110 G OU ½ XÍCARA (CHÁ) DE MANTEIGA DE COCO

125 ML OU ½ XÍCARA (CHÁ) DE XAROPE DE AGAVE

½ COLHER (CHÁ) DE ESSÊNCIA DE BAUNILHA

GLACÊ

1 COLHER (SOPA) DE ÓLEO DE COCO DERRETIDO

1 COLHER (SOPA) DE SUCO DE LIMÃO-SICILIANO OU DE LIMÃO-TAITI

80 G OU ½ XÍCARA (CHÁ) DE MACADÂMIAS

2 COLHERES (CHÁ) DE XAROPE DE AGAVE

¼ DE COLHER (CHÁ) DE ESSÊNCIA DE BAUNILHA

UMA PITADA DE SAL MARINHO

60 ML OU ¼ DE XÍCARA (CHÁ) DE ÁGUA

Cubra com a massa o fundo e as bordas de uma fôrma para torta com 22 cm de diâmetro.

No processador, bata todos os ingredientes da musse de abacate até formar um creme uniforme e liso.

Despeje essa mistura sobre a massa e mantenha em temperatura ambiente enquanto prepara o glacê.

No liquidificador, bata todos os ingredientes do glacê, exceto o óleo de coco derretido, até obter um creme uniforme e liso. Isso pode demorar alguns minutos. Se preciso, acrescente 1 ou 2 colheres (sopa) de água.

Incorpore o óleo de coco derretido enquanto está batendo.

Despeje o glacê em um saco de confeiteiro e escolha um bico fino.

Sobre a torta, desenhe uma espiral de glacê partindo do centro em direção às bordas da fôrma. Com um espetinho de madeira ou o cabo de um talher, desenhe no glacê 12 traços a intervalos regulares, sempre do centro para as bordas. O desenho final deve parecer uma "teia de aranha".

Conserva-se por 10 dias na geladeira em recipiente hermético, ou 4 meses no freezer.

Torta de coco e noz-pecã

PREPARO 15 MINUTOS
PORÇÕES 12
MATERIAL PROCESSADOR, LIQUIDIFICADOR

1 RECEITA DE MASSA DE COCO E NOZ-PECÃ (VER ABAIXO)

420 G OU 3 XÍCARAS (CHÁ) DE CASTANHAS-DO-PARÁ

195 G OU 3/4 DE XÍCARA (CHÁ) DE PASTA DE TÂMARA (VER P. 25)

3 COLHERES (SOPA) DE XAROPE DE BORDO

1 COLHER (CHÁ) DE ESSÊNCIA DE BAUNILHA

1/8 COLHER (CHÁ) DE SAL MARINHO

80 ML OU 1/3 XÍCARA (CHÁ) DE ÓLEO DE COCO DERRETIDO

Forre com a massa o fundo e as laterais de uma fôrma para torta com 22 cm de diâmetro, de preferência com fundo removível.

No processador, bata a castanha-do-pará em ponto de manteiga, o mais líquida e cremosa possível. Isso pode demorar alguns minutos.

Despeje a manteiga de castanha no liquidificador. Acrescente a pasta de tâmara, o xarope de bordo, a essência de baunilha e o sal. Bata até obter uma massa uniforme e lisa.

Incorpore o óleo de coco derretido enquanto está batendo. Continue batendo até obter uma mistura cremosa e uniforme.

Despeje o preparado sobre a massa e deixe a torta na geladeira por cerca de 3 horas, até que fique firme.

Conserva-se por 10 dias na geladeira em recipiente hermético, ou 4 meses no freezer.

---

165 G OU 1/2 XÍCARA (CHÁ) DE NOZ-PECÃ

85 G OU 1 XÍCARA (CHÁ) DE COCO RALADO

3 TÂMARAS SEM CAROÇO PICADAS OU 3 COLHERES (SOPA) DE PASTA DE TÂMARA (VER P. 25)

1/4 DE COLHER (CHÁ) DE GENGIBRE EM PÓ

1 COLHER (CHÁ) DE CANELA EM PÓ

1/4 DE COLHER (CHÁ) DE CARDAMOMO EM PÓ

1/4 DE COLHER (CHÁ) DE CRAVO-DA-ÍNDIA EM PÓ

1/4 DE COLHER (CHÁ) DE NOZ-MOSCADA EM PÓ

UMA PITADA DE SAL MARINHO

Massa de coco e noz-pecã

PREPARO 10 MINUTOS
RENDIMENTO 1 MASSA
MATERIAL PROCESSADOR

No processador, bata a noz-pecã até virar uma farinha.

Acrescente os demais ingredientes e bata até obter uma massa uniforme com a qual seja possível formar uma bola. Se preciso, acrescente mais uma tâmara ou 1 colher (sopa) de pasta de tâmara.

Conserva-se por 2 semanas na geladeira em recipiente hermético.

🍓 Torta de frutas vermelhas

PREPARO 15 MINUTOS
PORÇÕES 12
MATERIAL LIQUIDIFICADOR, PANELA

1 RECEITA DE MASSA CROCANTE (VER ABAIXO)

60 ML OU ¼ DE XÍCARA (CHÁ) DE ÓLEO DE COCO DERRETIDO

3 COLHERES (SOPA) DE SUCO DE LIMÃO-SICILIANO

RASPAS DE 2 LIMÕES-SICILIANOS

250 ML OU 1 XÍCARA (CHÁ) DE ÁGUA

120 G OU ¾ DE XÍCARA (CHÁ) DE CASTANHAS-DE-CAJU

1 COLHER (CHÁ) DE ESSÊNCIA DE BAUNILHA

UMA PITADA DE SAL MARINHO

½ COLHER (SOPA) DE LECITINA DE SOJA

60 ML OU ¼ DE XÍCARA (CHÁ) DE XAROPE DE AGAVE

MISTURA ÁGUA/ÁGAR-ÁGAR

¾ DE COLHER (CHÁ) DE ÁGAR-ÁGAR

125 ML OU ½ XÍCARA (CHÁ) DE ÁGUA

FRUTAS VERMELHAS FRESCAS

Forre com a massa o fundo e as laterais de uma fôrma para torta com 22 cm de diâmetro, de preferência com fundo removível.

Coloque todos os ingredientes no liquidificador, exceto o óleo de coco e a mistura água/ágar-ágar. Bata até obter um líquido uniforme e liso, e então junte o óleo de coco enquanto ainda estiver batendo.

Coloque a água e o ágar-ágar em uma panela e leve para ferver. Um ou dois minutos depois de começar a ferver, a mistura água e ágar-ágar deve ficar com textura pegajosa e esbranquiçada. Misture bem e despeje esse líquido no liquidificador, sempre batendo. Incorpore misturando rapidamente (cerca de 10 segundos).

Despeje rapidamente na fôrma e coloque na geladeira por cerca de 3 horas, tempo suficiente para a torta ficar firme.

Conserve a base de torta na geladeira, e, na hora de servir, decore com frutas vermelhas frescas.

Conserva-se por 10 dias na geladeira em recipiente hermético, ou 4 meses no freezer.

---

100 G OU 1 XÍCARA (CHÁ) DE NOZES

50 G OU ½ XÍCARA (CHÁ) DE TRIGO-SARRACENO GERMINADO E DESIDRATADO (VER P. 25)

25 G OU ¼ DE XÍCARA (CHÁ) DE COCO RALADO

35 G OU ¼ DE XÍCARA (CHÁ) DE AÇÚCAR MASCAVO

UMA PITADA DE SAL MARINHO

4 TÂMARAS INTEIRAS SEM CAROÇO

1 COLHER (SOPA) DE PASTA DE TÂMARA (VER P. 25)

35 G OU ¼ DE XÍCARA (CHÁ) DE UVAS-PASSAS

½ COLHER (CHÁ) DE ESSÊNCIA DE BAUNILHA

Massa crocante

PREPARO 5 MINUTOS
RENDIMENTO 1 MASSA
MATERIAL PROCESSADOR

No processador, bata as nozes, o trigo-sarraceno germinado e desidratado, o coco ralado, o açúcar mascavo e o sal até obter uma farinha fina.

Acrescente os demais ingredientes e bata até obter uma massa pegajosa. Se preciso, acrescente mais 1 colher (chá) de pasta de tâmara.

Conserva-se por 2 semanas na geladeira em recipiente hermético.

Falso cheesecake

DEMOLHA **4 HORAS**
PREPARO **20 MINUTOS**
PORÇÕES **18**
MATERIAL **PROCESSADOR, LIQUIDIFICADOR**

1 MASSA DE FIGO COM ESPECIARIAS (VER ABAIXO)

200 G OU 1 ⅓ XÍCARA (CHÁ) DE CASTANHAS-DE-CAJU

3 COLHERES (SOPA) DE SUCO DE LIMÃO-SICILIANO

330 ML OU 1 ⅓ XÍCARA (CHÁ) DE ÓLEO DE COCO DERRETIDO

650 G OU 2 ½ XÍCARAS (CHÁ) DE QUEIJO DE CASTANHAS-DE-CAJU (VER P. 97)

250 ML OU 1 XÍCARA (CHÁ) DE XAROPE DE AGAVE

1 ½ COLHER (CHÁ) DE ESSÊNCIA DE BAUNILHA

UMA PITADA DE SAL MARINHO

2 COLHERES (CHÁ) DE ESSÊNCIA DE AMÊNDOA

60 G OU ¼ DE XÍCARA (CHÁ) DE LECITINA DE GIRASSOL (OU LECITINA DE SOJA)

CALDA DE MIRTILO

300 G OU 2 XÍCARAS (CHÁ) DE MIRTILO FRESCO OU CONGELADO

2 COLHERES (SOPA) DE XAROPE DE AGAVE

2 COLHERES (SOPA) DE ÁGUA

2 COLHERES (SOPA) DE ÓLEO DE COCO DERRETIDO

Deixe as castanhas-de-caju de molho por 4 horas. Escorra e descarte a água da demolha.

Forre, com a massa, o fundo de uma fôrma com 25 cm de diâmetro, de fundo removível.

No processador, reduza a pó as castanhas-de-caju.

No liquidificador, bata a farinha de castanhas-de-caju com o suco de limão e o óleo de coco derretido até obter um creme liso.

Acrescente os demais ingredientes e misture até o creme ficar uniforme e untuoso. Despeje-o na fôrma.

Limpe a lateral da fôrma e mantenha-a em temperatura ambiente enquanto estiver preparando a calda.

No liquidificador, bata os mirtilos, a água e o xarope de agave até formar uma calda líquida. Isso pode levar alguns minutos se os mirtilos estiverem congelados. Se preciso, acrescente 60-125 ml ou ¼-½ xícara (chá) de água.

Sem parar de bater, incorpore o óleo de coco derretido e misture por alguns instantes para uniformizar o preparado.

Despeje metade da calda sobre a torta e marmorize com uma colher. Coloque na geladeira por 2-3 horas para endurecer. Use o restante da calda para cobrir a torta na hora de servir.

Conserva-se por 10 dias na geladeira em recipiente hermético, ou 4 meses no freezer.

---

110 G OU ¾ DE XÍCARA (CHÁ) DE CASTANHAS-DO-PARÁ

150 G OU 1 XÍCARA (CHÁ) DE FIGOS SECOS CORTADOS EM CUBOS

¼ DE COLHER (CHÁ) DE NOZ-MOSCADA EM PÓ

¼ DE COLHER (CHÁ) DE CANELA EM PÓ

UMA PITADA DE SAL MARINHO

Massa de figo com especiarias

PREPARO **5 MINUTOS**
RENDIMENTO **1 MASSA**
MATERIAL **PROCESSADOR**

No processador, bata todos os ingredientes até obter uma massa granulosa.

Conserva-se por 2 semanas na geladeira em recipiente hermético.

Bolo de cenoura

PREPARO **40 MINUTOS**
PORÇÕES **18**
MATERIAL **PROCESSADOR, LIQUIDIFICADOR**

BOLO

400 G OU 3 ½ XÍCARAS (CHÁ) DE FARINHA DE AMÊNDOAS

1,1 KG OU 15 CENOURAS BATIDAS NO LIQUIDIFICADOR OU NO PROCESSADOR ATÉ FORMAR UM PURÊ

545 G OU 2 XÍCARAS (CHÁ) DE PASTA DE TÂMARA (VER P. 25)

RASPAS DE 1 LARANJA

RASPAS DE 1 LIMÃO-SICILIANO

125 G OU 1 XÍCARA (CHÁ) DE MANTEIGA DE COCO

1 COLHER (CHÁ) DE ESSÊNCIA DE BAUNILHA

2 COLHERES (SOPA) DE CANELA EM PÓ

½ COLHER (CHÁ) DE CRAVO-DA-ÍNDIA

½ COLHER (CHÁ) DE GENGIBRE EM PÓ

½ COLHER (CHÁ) DE SAL MARINHO

100 G OU 1 XÍCARA (CHÁ) DE NOZES GROSSEIRAMENTE PICADAS

140 G OU 1 XÍCARA (CHÁ) DE UVAS-PASSAS ESCURAS

GLACÊ

2 COLHERES (SOPA) DE MANTEIGA DE COCO

140 G OU 1 XÍCARA (CHÁ) DE CASTANHAS-DO-PARÁ

RASPAS E SUCO DE ½ LIMÃO-SICILIANO

SUCO DE 1 LARANJA

150 G OU 1 XÍCARA (CHÁ) DE CASTANHAS-DE-CAJU

60 ML OU ¼ DE XÍCARA (CHÁ) DE XAROPE DE AGAVE

1 COLHER (CHÁ) DE ESSÊNCIA DE BAUNILHA

1 COLHER (SOPA) DE LECITINA DE GIRASSOL (OU LECITINA DE SOJA)

60 ML OU ¼ DE XÍCARA (CHÁ) DE ÁGUA

No processador, bata todos os ingredientes do bolo, exceto as uvas-passas e as nozes, até obter uma massa uniforme. Divida em duas ou três vezes, conforme a capacidade do processador.

Com as mãos, incorpore as uvas-passas e as nozes.

Despeje essa massa em 2 fôrmas grandes com fundo removível, com cerca de 25 cm de diâmetro.

Leve ao freezer enquanto prepara o glacê.

Coloque todos os ingredientes do glacê no liquidificador e bata até obter um creme uniforme e liso.

Espalhe o glacê sobre os dois bolos e deixe na geladeira para firmar (cerca de 2 horas).

Quando estiverem firmes, coloque um por cima do outro, formando um bolo de dois andares.

Para obter um bolo de um andar (9 porções), faça meia receita.

Conserva-se por 10 dias na geladeira em recipiente hermético, ou 4 meses no freezer.

Bolo desejo negro

PREPARO 25 MINUTOS
PORÇÕES 9
MATERIAL PROCESSADOR, LIQUIDIFICADOR

1 RECEITA DE MASSA DESEJO NEGRO (VER ABAIXO)

MUSSE

250 ML OU 1 XÍCARA (CHÁ) DE ÁGUA

60 G OU 3/4 DE XÍCARA (CHÁ) DE COCO RALADO

90 G OU 1 XÍCARA (CHÁ) DE FARINHA DE AVELÃS

150 G OU 1 XÍCARA (CHÁ) DE CASTANHAS-DE-CAJU

50 G OU 1/2 XÍCARA (CHÁ) DE NOZES

130 G OU 1/2 XÍCARA (CHÁ) DE PASTA DE TÂMARA (VER P. 25)

50 G OU 1/4 DE XÍCARA (CHÁ) DE MANTEIGA DE COCO

40 G OU 1/3 DE XÍCARA (CHÁ) DE CACAU EM PÓ

3 COLHERES (SOPA) DE XAROPE DE AGAVE

UMA PITADA DE SAL MARINHO

1/2 COLHER (CHÁ) DE ESSÊNCIA DE BAUNILHA

125 ML OU 1/2 XÍCARA (CHÁ) DE ÓLEO DE COCO DERRETIDO

2 COLHERES (SOPA) DE AMÊNDOAS DE CACAU

GANACHE

2 COLHERES (SOPA) DE ÓLEO DE COCO DERRETIDO

1/4 DE COLHER (CHÁ) DE SUCO DE LIMÃO-SICILIANO

45 G OU 1/2 XÍCARA (CHÁ) DE COCO RALADO

60 ML OU 1/4 DE XÍCARA (CHÁ) DE XAROPE DE AGAVE

2 COLHERES (SOPA) DE LECITINA DE GIRASSOL (OU LECITINA DE SOJA)

60 G OU 1/2 XÍCARA (CHÁ) DE CACAU EM PÓ

60 ML OU 1/4 DE XÍCARA (CHÁ) DE ÁGUA

Abra a massa em uma fôrma com 22 cm de diâmetro, com fundo removível.

Musse
Faça um leite de coco ralado e água (ver p. 22). Nesta receita, vamos usar 125 ml ou ½ xícara (chá) do leite obtido.

Coloque o leite no processador junto com os demais ingredientes, exceto as amêndoas de cacau e o óleo de coco derretido. Bata até obter uma pasta uniforme e lisa. Acrescente o óleo de coco e continue batendo para incorporá-lo.

Acrescente as amêndoas de cacau no processador e bata por alguns segundos para incorporá-las.

Espalhe a musse sobre a massa. Limpe bem a lateral da fôrma para não manchar o ganache.

Ganache
Coloque todos os ingredientes, exceto o cacau em pó, no liquidificador. Bata até obter uma pasta uniforme.

Acrescente o cacau em pó e misture para incorporá-lo.

Espalhe a ganache sobre a musse. Coloque na geladeira por cerca de 5 horas para endurecer.

Cobertura: glacê de chocolate (ver p. 218)

Conserva-se por 10 dias na geladeira em recipiente hermético, ou 4 meses no freezer.

---

40 G OU 1/4 DE XÍCARA (CHÁ) DE AVELÃS

40 G OU 1/4 DE XÍCARA (CHÁ) DE CASTANHAS-DO-PARÁ

1 COLHER (SOPA) DE PASTA DE TÂMARA (VER P. 25)

3 COLHERES (SOPA) DE COCO RALADO

UMA PITADA DE SAL MARINHO

1 COLHER (SOPA) DE AMÊNDOAS DE CACAU

Massa desejo negro

PREPARO 5 MINUTOS
RENDIMENTO 1 MASSA
MATERIAL PROCESSADOR

Coloque todos os ingredientes, exceto as amêndoas de cacau, no processador. Bata rapidamente até obter uma massa crocante, porém uniforme. É importante não bater demais para que as castanhas-do-pará não virem manteiga.

Acrescente as amêndoas de cacau no processador e bata só por alguns segundos, para incorporar mantendo ainda alguns pedaços.

Conserva-se por 2 semanas na geladeira em recipiente hermético.

Tiramisù

DEMOLHA **8 HORAS + 4 HORAS**
PREPARO **50 MINUTOS**
PORÇÕES **10**
MATERIAL **LIQUIDIFICADOR**

NA VÉSPERA

80 G OU ½ XÍCARA (CHÁ) DE AMÊNDOAS

75 G OU ½ XÍCARA (CHÁ) DE CASTANHAS-DE-CAJU

1 COLHER (CHÁ) DE CAFÉ EM GRÃOS FINAMENTE MOÍDO

MASSA

135 G OU ¼ DE XÍCARA (CHÁ) DE FARINHA DE AMÊNDOAS

100 G OU ⅓ XÍCARA (CHÁ) DE PASTA DE TÂMARA (VER P. 25)

1 COLHER (CHÁ) DE ESSÊNCIA DE BAUNILHA

UMA PITADA DE SAL MARINHO

2 COLHERES (SOPA) DE ÓLEO DE COCO DERRETIDO

RECHEIO

30 G OU 1 ½ COLHER (SOPA) DE PASTA DE TÂMARA (VER P. 25)

2 COLHERES (SOPA) DE XAROPE DE AGAVE

10 G OU 1 ½ COLHER (SOPA) DE CACAU EM PÓ

2 ¼ COLHERES (CHÁ) DE ESSÊNCIA DE BAUNILHA

UMA PITADA DE SAL MARINHO

2 COLHERES (SOPA) DE ÓLEO DE COCO DERRETIDO

1 ½ COLHER (CHÁ) DE LECITINA DE SOJA

2 COLHERES (SOPA) DE ÁGUA

¾ DE COLHER (CHÁ) DE ÁGAR-ÁGAR

COBERTURA

75 G OU ½ XÍCARA (CHÁ) DE CASTANHAS-DE-CAJU

80 ML OU ⅓ DE XÍCARA (CHÁ) DE ÓLEO DE COCO DERRETIDO

125 ML OU ½ XÍCARA (CHÁ) DE ÁGUA

½ COLHER (CHÁ) DE XAROPE DE AGAVE

½ COLHER (CHÁ) DE ESSÊNCIA DE BAUNILHA

UMA PITADA DE SAL MARINHO

2 ¼ COLHERES (CHÁ) DE LECITINA DE SOJA

Na véspera
Deixe as amêndoas e as castanhas-de-caju de molho por 8 horas. Em outro recipiente, deixe o café moído mergulhado em 60 ml ou ¼ de xícara (chá) de água por 8 horas.

No dia
Deixe as castanhas-de-caju da cobertura de molho por 4 horas.

Escorra as castanhas-de-caju e as amêndoas deixadas de molho desde a véspera. Descarte a água da demolha. Filtre o café, reserve a infusão e descarte o pó.

Faça um leite com as amêndoas e 500 ml ou 2 xícaras (chá) de água (ver p. 28).

Massa
Em uma tigela, misture todos os ingredientes do bolo e 2 colheres (sopa) de leite de amêndoas, até obter uma massa uniforme.

Despeje essa mistura em uma fôrma pequena com cerca de 20 cm de diâmetro. Deixe no freezer para firmar enquanto prepara o recheio.

Recheio
No liquidificador, coloque todos os ingredientes do recheio, exceto a água e o ágar-ágar. Acrescente a infusão de café e 125 ml ou ½ xícara (chá) do leite de amêndoas que restou dos ingredientes da massa. Bata até obter um líquido homogêneo.

Coloque a água e o ágar-ágar em uma panela e leve para ferver, mexendo com frequência. Enquanto isso, retire o bolo do freezer. Dois minutos após a mistura de água e ágar-agar começar a ferver, despeje no liquidificador e bata por alguns segundos.

Despeje imediatamente o recheio sobre a massa. Leve de volta ao freezer para firmar o recheio.

Cobertura
Escorra as castanhas-de-caju que ficaram de molho por 4 horas e descarte a água da demolha.

Coloque todos os ingredientes da cobertura no liquidificador. Acrescente 250 ml ou 1 xícara (chá) do leite de amêndoas que restou dos ingredientes da massa e bata até obter um líquido uniforme e cremoso.

Retire o bolo do freezer e verifique se o recheio está solidificado antes de despejar a cobertura sobre ele. Leve de volta ao freezer e deixe por 2 horas para firmar.

Na hora de servir, salpique cacau em pó.

Conserva-se por 10 dias na geladeira em recipiente hermético, ou 4 meses no freezer.

Pavê de tâmara

PREPARO **15 MINUTOS**
PORÇÕES **8**
MATERIAL **PROCESSADOR**

1 MASSA PARA PAVÊ DE TÂMARA (VER ABAIXO)

250 G OU 1 2/3 DE XÍCARA (CHÁ) DE TÂMARAS INTEIRAS SEM CAROÇO

100 G OU 2/3 DE XÍCARA (CHÁ) DE FIGOS SECOS SEM OS CABINHOS

130 G OU 1/2 XÍCARA (CHÁ) DE PASTA DE TÂMARA (VER P. 25)

1/2 COLHER (SOPA) DE RASPAS DE LARANJA

1 COLHER (CHÁ) DE ESSÊNCIA DE BAUNILHA

UMA PITADA DE SAL MARINHO

2 COLHERES (SOPA) DE XAROPE DE AGAVE

Com ⅔ da massa, forre o fundo de uma pequena fôrma para bolo, com 15-20 cm de diâmetro. Reserve o restante.

Com uma faca, pique grosseiramente as tâmaras, os figos e junte as raspas de laranja. Coloque em uma tigela. Acrescente os demais ingredientes e incorpore com as mãos.

Espalhe essa mistura na fôrma e cubra com o restante da massa.

Conserva-se por 10 dias na geladeira em recipiente hermético, ou 4 meses no freezer.

---

40 G OU 1/4 DE XÍCARA (CHÁ) DE MACADÂMIAS

90 G OU 2/3 DE XÍCARA (CHÁ) DE CASTANHAS-DO-PARÁ

135 G OU 1 1/2 XÍCARA (CHÁ) DE COCO RALADO

4 TÂMARAS SEM CAROÇO OU 1/4 DE XÍCARA (CHÁ) DE PASTA DE TÂMARA (VER P. 25)

1/4 DE COLHER (CHÁ) DE SAL MARINHO

1/2 COLHER (CHÁ) DE ESSÊNCIA DE BAUNILHA

Massa para pavê de tâmara

PREPARO **5 MINUTOS**
RENDIMENTO **1 MASSA**
MATERIAL **PROCESSADOR**

No processador, triture grosseiramente as macadâmias e as castanhas-do-pará.

Acrescente os demais ingredientes e bata até obter uma massa uniforme com a qual seja possível formar uma bola.

Conserva-se por 10 dias na geladeira em recipiente hermético, ou 4 meses no freezer.

Chocolate negro

PREPARO 15 MINUTES
RENDIMENTO CERCA DE 35 UNIDADES PEQUENAS (CONFORME AS FÔRMAS)
MATERIAL PROCESSADOR, FOGÃO OU DESIDRATADOR, FÔRMAS PARA CHOCOLATE

60 ML OU ¼ DE XÍCARA (CHÁ) DE ÓLEO DE COCO DERRETIDO

90 G OU ½ XÍCARA (CHÁ) DE MANTEIGA DE CACAU

60 ML OU ¼ DE XÍCARA (CHÁ) DE XAROPE DE AGAVE

½ COLHER (CHÁ) DE ESSÊNCIA DE BAUNILHA

UMA PITADA DE SAL MARINHO

120 G OU 1 XÍCARA (CHÁ) CHEIA DE CACAU EM PÓ

Derreta o óleo de coco e a manteiga de cacau no desidratador ou em banho-maria. Em banho-maria, mexa sem parar para que a temperatura não ultrapasse 40 °C.

Coloque a manteiga de cacau derretida no processador, acrescente os demais ingredientes, exceto o cacau em pó, e bata até obter uma mistura uniforme.

Acrescente metade do cacau em pó e use o botão "pulsar" para evitar a formação de grumos de cacau (se não bater o suficiente) ou que o chocolate se aglutine (se bater demais).

Acrescente o cacau em pó restante e bata alguns instantes até obter uma textura sedosa.

Despeje a mistura nas fôrmas e leve à geladeira por 2 horas.

Dica: para variar, coloque uma noz-pecã, uma baga de goji ou raspas de limão-siciliano em cada fôrma.

Conserva-se por 2 semanas na geladeira em recipiente hermético, ou 4 meses no freezer.

O CHOCOLATE

Ótima notícia, o cacau está repleto de nutrientes!

Chamado cientificamente de teobroma (alimento dos deuses), pois assim era considerado pelos astecas, o cacau é extremamente rico em antioxidantes e possui mais magnésio do que qualquer outra fruta. O cacau cru tem lugar de destaque em nossas cozinhas!

Um dos produtos de consumo mais popular do planeta, o cacau tem o poder de enfeitiçar desde os mais gulosos até os pesquisadores da área da saúde. De fato, parece que ninguém consegue resistir ao chocolate!

Se nos aprofundarmos no assunto, descobriremos que o cacau apresenta uma das mais complexas substâncias alimentares do ponto de vista químico. Componentes químicos como o polifenol, substâncias psicoativas como a serotonina, antioxidante como a catequina, o cálcio... O chocolate parece ser uma droga estimulante. Consumido com moderação, contribui para a boa manutenção do organismo, especialmente do coração. Também ajuda a aliviar as cãibras musculares e cólicas menstruais. Não é à toa que as mulheres instintivamente desejam mais chocolate no período da menstruação.

Fudge de chocolate

PREPARO 10 MINUTOS
RENDIMENTO 15 UNIDADES
MATERIAL LIQUIDIFICADOR, FOGÃO OU DESIDRATADOR

1 COLHER (SOPA) DE ÓLEO DE COCO
DERRETIDO

1 COLHER (SOPA) DE LECITINA DE GIRASSOL
(OU DE SOJA)

¼ (CHÁ) DE SUCO DE LIMÃO-SICILIANO

60 ML OU ¼ DE XÍCARA (CHÁ) DE XAROPE
DE AGAVE

60 ML OU ¼ DE XÍCARA (CHÁ) DE ÁGUA

UMA PITADA DE SAL MARINHO

60 G OU ½ XÍCARA (CHÁ) DE CACAU EM PÓ

PARA OS FUDGES COBERTOS COM MATCHÁ
2 COLHERES (SOPA) DE MATCHÁ

PARA OS FUGDES COBERTOS COM COCO
3 COLHERES (SOPA) DE COCO RALADO

PARA AS TRUFAS
100 G OU ⅔ DE XÍCARA (CHÁ) DE AVELÃS
TRITURADAS NO PROCESSADOR

½ RECEITA DE CHOCOLATE NEGRO
DERRETIDO (VER P. 211)

Coloque todos os ingredientes, exceto o cacau em pó, no liquidificador e bata até deixar uniforme. Sem desligar, acrescente o cacau em pó e bata até que fique bem incorporado.

Em uma fôrma retangular, despeje a mistura até formar uma camada de 2 cm de espessura. Deixe no freezer por 5 horas para que fique firme.

Corte o preparado em 15 cubos. Deixe os cubos na geladeira.

Saboreie os fudges sozinhos, cobertos com matchá ou com coco ralado, ou, ainda, em forma de trufas.

Fudges cobertos
Em um prato, espalhe o matchá ou o coco ralado. Role os fudges até que fiquem totalmente cobertos.

Trufas
Em um prato, espalhe as avelãs trituradas. Role os fudges entre as mãos para formar bolinhas e depois passe pelas avelãs até que fiquem totalmente cobertas.

Despeje o chocolate derretido em uma tigela. Com um garfo, mergulhe as bolinhas e a seguir coloque-as sobre papel-manteiga.

Deixe na geladeira por cerca de 1 hora para que fiquem firmes.

Conservam-se por 2 semanas na geladeira em recipiente hermético, ou 2 meses no freezer.

Sorvete cremoso de baunilha

DEMOLHA **8 HORAS**
PREPARO **20 MINUTOS + TEMPO DE BATEDURA E CONGELAMENTO**
RENDIMENTO **1 LITRO**
MATERIAL **LIQUIDIFICADOR E SORVETEIRA**

100 G OU 2/3 DE XÍCARA (CHÁ) DE AMÊNDOAS

150 G OU 1 XÍCARA (CHÁ) DE CASTANHAS-DE-CAJU

440 ML OU 3/4 DE XÍCARA (CHÁ) DE ÁGUA

1 COLHER (SOPA) DE LECITINA DE SOJA

60 ML OU 1/4 DE XÍCARA (CHÁ) DE XAROPE DE AGAVE

2 COLHERES (SOPA) DE ESSÊNCIA DE BAUNILHA

1/4-1/8 DE COLHER (CHÁ) DE SAL MARINHO

Deixe as amêndoas e castanhas-de-caju de molho separadamente por 8 horas. Escorra e descarte a água da demolha.

Faça um leite com as amêndoas deixadas de molho e a água (ver p. 28). Isso deve render 1 ½ xícara (chá) de leite de amêndoas.

Coloque o leite obtido e os demais ingredientes no liquidificador. Bata até obter um líquido cremoso.

Despeje na sorveteira e comece o ciclo.

Quando o sorvete estiver pronto, despeje em um recipiente e coloque no freezer. As boas sorveteiras batem e congelam o creme ao mesmo tempo; assim, apenas 30 minutos serão suficientes para firmar a textura. Se a sorveteira não congelar, deixe o creme descansar no freezer várias horas até conseguir a consistência ideal.

Conserva-se por 3 meses no freezer.

Creme suave de banana

PREPARO **10 MINUTOS**
RENDIMENTO **1 LITRO OU 4 XÍCARAS (CHÁ)**
MATERIAL **LIQUIDIFICADOR OU EXTRATOR DE SUCO**

4 BANANAS SEM CASCA CONGELADAS

140 G DE FRAMBOESAS CONGELADAS

2 COLHERES (SOPA) DE XAROPE DE AGAVE

UMA PITADA DE SAL ROSA DO HIMALAIA

Coloque as frutas congeladas no extrator de suco ou no liquidificador e bata até obter um creme.

Despeje o creme em uma tigela e incorpore o xarope de agave e o sal.

Consuma a seguir. Se congelar o creme, ele vai cristalizar.

Zouzou de goji, damasco e coco

DEMOLHA **PELO MENOS 15 MINUTOS**
PREPARO **20 MINUTOS**
RENDIMENTO **20 UNIDADES**
MATERIAL **PROCESSADOR**

50 G OU ¼ DE XÍCARA (CHÁ) DE DAMASCOS SECOS EM PEDAÇOS

80 ML OU ⅓ DE XÍCARA (CHÁ) DE ÁGUA

180 G OU 2 XÍCARAS (CHÁ) DE COCO RALADO

75 G OU ½ XÍCARA (CHÁ) DE AMÊNDOAS

75 G OU ½ XÍCARA (CHÁ) DE UVAS-PASSAS CLARAS

25 G OU ¼ DE XÍCARA (CHÁ) CHEIA DE BAGAS DE GOJI

1 COLHER (CHÁ) DE ESSÊNCIA DE AMÊNDOA

½ COLHER (CHÁ) DE CARDAMOMO EM PÓ

1 COLHER (CHÁ) DE SAL MARINHO

3 COLHERES (SOPA) DE SEMENTES DE CHIA

65 G OU ¼ DE XÍCARA (CHÁ) DE PASTA DE TÂMARA (VER P. 25)

Deixe os damascos secos de molho em 80 ml ou ⅓ de xícara (chá) de água por 15 minutos, no mínimo.

Coloque todos os ingredientes no processador, exceto os damascos, as sementes de chia e a pasta de tâmara. Bata até obter uma mistura pegajosa. Isso pode levar alguns minutos. Reserve.

No processador, bata os damascos com a água da demolha até obter uma pasta uniforme.

Despeje as misturas obtidas em uma tigela e acrescente as sementes de chia e a pasta de tâmara. Misture bem até obter uma massa uniforme e maleável.

Com uma colher de sorvete, forme bolas de 2,5 cm de diâmetro. Para formar bolas bem redondas, role a massa na palma das mãos.

Conserva-se por 1 mês na geladeira em recipiente hermético, ou 4 meses no freezer.

Macarons de chocolate

PREPARO **20 MINUTOS**
RENDIMENTO **20 UNIDADES**
MATERIAL **PROCESSADOR**

70 G OU ½ XÍCARA (CHÁ) DE CASTANHAS--DO-PARÁ

180 G OU 2 XÍCARAS (CHÁ) DE COCO RALADO

130 G OU ½ XÍCARA (CHÁ) DE PASTA DE TÂMARA (VER P. 25)

1 COLHER (SOPA) DE XAROPE DE AGAVE

UMA PITADA DE SAL MARINHO

30 G OU ¼ DE XÍCARA (CHÁ) DE CACAU EM PÓ

½ COLHER (CAFÉ) DE ESSÊNCIA DE BAUNILHA

No processador, bata as castanhas-do-pará e metade do coco ralado até obter uma manteiga bem cremosa.

Acrescente os demais ingredientes e bata por alguns minutos. A mistura deve ficar uniforme, porém não líquida.

Despeje essa mistura em uma tigela e, com as mãos, incorpore o restante do coco ralado. Trabalhe bem a mistura para obter uma pasta escura, pegajosa e maleável.

Com uma colher de sorvete, forme bolas de 2,5 cm de diâmetro. Para fazer macarons bem redondos, modele as bolas com a palma das mãos.

Conservam-se por 1 mês na geladeira em recipiente hermético, ou 4 meses no freezer.

Banana split

Bananasplit

PREPARO 5 MINUTOS
RENDIMENTO 1 PORÇÃO

- 1 BANANA
- 1 PEDAÇO DE BROWNIE (VER ABAIXO)
- 2 BOLAS DE SORVETE CREMOSO DE BAUNILHA (VER P. 219)
- 2 COLHERES (CHÁ) DE MACARAMELO (VER P.219)
- 2 COLHERES (CHÁ) DE CALDA DE FRAMBOESA (VER P. 190)
- 1 COLHER (CHÁ) DE CACAU EM PÓ
- 3 FOLHAS DE HORTELÃ

Corte a banana ao meio no sentido do comprimento e novamente na largura para obter 4 pedaços iguais. Divida o brownie em 8 pedaços iguais.

Para servir, espalhe os pedaços de banana e de brownie no fundo da taça e acrescente duas bolas de sorvete.

Espalhe o macaramelo e a calda de framboesa sobre todos os ingredientes do prato. Salpique cacau em pó e finalize com folhas de hortelã.

Sirva em seguida.

Brownie

PREPARO 25 MINUTOS
PORÇÕES 10
MATERIAL PROCESSADOR, DESIDRATADOR OU FOGÃO, LIQUIDIFICADOR

- 225 G OU 1/2 XÍCARA (CHÁ) DE TÂMARAS INTEIRAS SEM CAROÇO
- 330 G OU 3 XÍCARAS (CHÁ) DE NOZES-PECÃS
- 220 G OU 3/4 DE XÍCARA (CHÁ) DE PASTA DE TÂMARA (VER P. 25)
- 90 G OU 3/4 DE XÍCARA (CHÁ) DE CACAU EM PÓ
- 1 1/2 COLHER (CHÁ) DE ESSÊNCIA DE BAUNILHA
- UMA PITADA DE SAL MARINHO
- 1 RECEITA DE GLACÊ DE CHOCOLATE (VER ABAIXO)

Corte as tâmaras ao meio para ter certeza de que não têm caroço. Em seguida, bata-as grosseiramente no processador. Reserve em uma tigela grande.

Bata grosseiramente as nozes-pecãs no processador, antes de juntá-las às tâmaras picadas. Incorpore os demais ingredientes e misture com as mãos até obter uma pasta espessa e uniforme.

Espalhe essa mistura em uma pequena fôrma quadrada para bolo de 20 cm. Nivele bem a superfície com uma espátula.

Prepare o glacê (ver abaixo).

Glacê de chocolate

- 60 ML OU 1/4 DE XÍCARA (CHÁ) DE ÓLEO DE COCO
- 1 COLHER (SOPA) DE ÁGUA
- 30 G OU 1/4 DE XÍCARA (CHÁ) DE XAROPE DE AGAVE
- 1/2 COLHER (CHÁ) DE ESSÊNCIA DE BAUNILHA
- UMA PITADA DE SAL MARINHO

Derreta o óleo de coco no desidratador ou em banho-maria.

No liquidificador, bata os demais ingredientes do glacê até obter um creme uniforme. Acrescente o óleo de coco derretido e misture até que esteja bem incorporado.

Espalhe uniformemente o glacê sobre o brownie.

Deixe na geladeira por 1 hora até que o glacê fique firme.

Conserva-se por 2 semanas na geladeira em recipiente hermético, ou 2 meses no freezer.

40 G OU ¼ DE XÍCARA (CHÁ) DE MACADÂMIAS
1 COLHER (SOPA) DE LECITINA DE GIRASSOL (OU LECITINA DE SOJA)
1 COLHER (SOPA) DE MACA
2 COLHERES (SOPA) DE ÁGUA
175 ML OU ¾ DE XAROPE DE AGAVE
1 COLHER (CHÁ) DE ESSÊNCIA DE BAUNILHA
UMA PITADA DE SAL MARINHO

Macaramelo

PREPARO 5 MINUTOS
RENDIMENTO 375 ML OU 1 ½ XÍCARA (CHÁ)
MATERIAL LIQUIDIFICADOR

Bata todos os ingredientes no liquidificador, até obter um caramelo liso e cremoso.

Coloque na geladeira por cerca de 30 minutos para obter um caramelo macio, e por 3 horas para um caramelo espesso e pegajoso.

Conserva-se por 3 semanas na geladeira em recipiente hermético.

Brioche com canela

DEMOLHA **PELO MENOS 15 MINUTOS**
PREPARO **25 MINUTOS**
DESIDRATAÇÃO **8 HORAS**
PORÇÕES **16**
MATERIAL **PROCESSADOR, LIQUIDIFICADOR, DESIDRATADOR, FOLHA DE TEFLEX**

CALDA DE CARAMELO

40 G OU 1/4 DE XÍCARA (CHÁ) DE DAMASCOS SECOS CORTADOS EM PEDAÇOS

60 ML OU 1/4 DE XÍCARA (CHÁ) DE ÁGUA

65 G OU 1/4 DE XÍCARA (CHÁ) DE PASTA DE TÂMARA (VER P. 25)

1/2 COLHER (SOPA) DE SUCO DE GENGIBRE OU 1 COLHER (SOPA) DE GENGIBRE FINAMENTE RALADO

1/2 COLHER (SOPA) DE XAROPE DE AGAVE

1 COLHER (CHÁ) DE SAL MARINHO

BISCOITO

250 ML OU 1 XÍCARA (CHÁ) DE ÁGUA

45 G OU 1/2 XÍCARA (CHÁ) DE COCO RALADO

150 G OU 1 XÍCARA (CHÁ) DE AMÊNDOAS TRITURADAS NO PROCESSADOR

230 G OU 2 XÍCARAS (CHÁ) DE AMÊNDOAS MOÍDAS

60 G OU 1/2 XÍCARA (CHÁ) DE LINHAÇA MOÍDA

200 G OU 3/4 DE XÍCARA (CHÁ) DE PASTA DE TÂMARA (VER P. 25)

2 COLHERES (CHÁ) DE ESSÊNCIA DE BAUNILHA

1 COLHER (SOPA) DE CANELA EM PÓ

1 COLHER (CHÁ) DE SAL MARINHO

30 G OU 1/4 DE XÍCARA (CHÁ) DE UVAS-PASSAS ESCURAS

Calda de caramelo
Deixe os damascos secos de molho em 60 ml ou 1/4 de xícara (chá) de água pelo menos por 15 minutos.

No liquidificador, bata os damascos com a água da demolha e os demais ingredientes da calda, até obter um molho uniforme. Reserve 125 ml ou 1/2 xícara (chá) dessa calda na geladeira (para usar na decoração).

Biscoito
No liquidificador, faça um leite com o coco ralado e a água (ver "Técnicas", p. 20). Reserve 125 ml ou 1/2 xícara (chá) desse leite.

Em uma tigela, misture com as mãos metade das amêndoas trituradas com as amêndoas moídas, a linhaça moída, a pasta de tâmara, a essência de baunilha, a canela e o sal.

Acrescente aos poucos à mistura 125 ml ou 1/2 xícara (chá) de leite de coco até obter uma massa pegajosa.

Espalhe a massa sobre toda a largura de uma folha de teflex, mas apenas sobre 3/4 do comprimento. Espalhe o restante das amêndoas trituradas e das uvas-passas sobre essa massa. Despeje a calda de caramelo sobre metade da massa.

Enrole como um rocambole, de baixo para cima. Se preciso, use uma espátula para desgrudar a massa.

Coloque no desidratador a 40 °C por 1 hora. Vire o rolo, colocando-o sobre uma grelha. Continue desidratando à mesma temperatura por mais 1 hora.

Corte o rolo em 16 fatias. Coloque as fatias sobre as grelhas do desidratador e continue desidratando na mesma temperatura por mais 6 horas.

Sirva o brioche com creme inglês (ver ao lado) e enfeite com fios de calda de caramelo.

Conserva-se por 2 semanas na geladeira em recipiente hermético.

1 COLHER (SOPA) DE ÓLEO DE COCO DERRETIDO
25 G OU 1/4 DE XÍCARA (CHÁ) DE NOZES
35 G OU 1/4 DE XÍCARA (CHÁ) DE CASTANHAS-DO-PARÁ
1/2 COLHER (CHÁ) DE SUCO DE LIMÃO-SICILIANO
40 G OU Ð DE XÍCARA (CHÁ) DE CASTANHAS-DE-CAJU
2 COLHERES (SOPA) DE XAROPE DE AGAVE
1/2 COLHER (CHÁ) DE ESSÊNCIA DE BAUNILHA
190 ML OU 3/4 DE XÍCARA (CHÁ) DE ÁGUA
UMA PITADA DE NOZ-MOSCADA EM PÓ
UMA PITADA DE SAL MARINHO

Creme inglês

PREPARO 5 MINUTOS
RENDIMENTO 500 ML OU 2 XÍCARAS (CHÁ)
MATERIAL LIQUIDIFICADOR

Coloque todos os ingredientes no liquidificador, exceto o óleo de coco derretido, e bata até obter um creme uniforme e liso.

Sem desligar o liquidificador, incorpore o óleo de coco à mistura.

Deixe o preparo pelo menos por 30 minutos na geladeira, para que se mantenha espesso na hora de servir.

Conserva-se por 2 semanas na geladeira em recipiente hermético.

Agradecimentos

Este livro não teria existido sem a ajuda e a contribuição inspiradora de vários membros da Crudessence. Queremos agradecer a toda a equipe, aos nossos fieis clientes, que há muitos anos vêm pedindo a publicação deste livro, e também à Les Éditions de l'Homme, por ter aceitado sair do lugar-comum.

Queremos agradecer especialmente às seguintes pessoas:

Maxime Lehmann, por ter redigido as receitas em uma linguagem acessível a todos e por ter dedicado mais tempo ao projeto do que nós próprios;

Stéphanie Audet, por ser a encarnação viva da nossa filosofia e por seu talento culinário superdesenvolvido;

Solène Thouin, por ter experimentado todas as receitas no conforto do seu lar;

Xavier Guérin, por sua espontaneidade artística e criatividade na decoração dos pratos;

Marta Menes, por suas receitas e seu sotaque espanhol;

Barry Pall, por sua franqueza, suas receitas e seu gosto pela comida mexicana;

Julian Giacomelli, por sua total dedicação;

Yanick Karch, Mathieu Rivet, Maya Furuta, Laura Pasichnyk, Chantal Côté, Géraldine Sauvignet, Katharina Pitczuk e Dawn Mauricio, por cederem amigavelmente sua imagem para as fotografias dos pratos.

Índice das receitas

RECEITAS BÁSICAS
Pasta de alho 25
Pasta de tâmara 25
Suco de gengibre 25
Trigo germinado 25

BEBIDAS
Chá nutritivo 36
Chai de reishi 36
Chocolate quente 37
Elixir inner jazz 34
Elixir zum-zum 35
Kombu mojito 37
Lassi de pêssego 35
Leite de amêndoa puro 28
Leite de cânhamo com baunilha 28
Leite de castanha-do-pará com goji 29
Smoothie a bela verde 30
Smoothie doce-verde 31
Smoothie frutado 34
Smoothie loco local 30
Smoothie Macau 29
Smoothie poderoso 31
Suco absoluto 32
Suco Hipócrates 33
Suco lábios vermelhos 33
Suco verde-escuro 32

SOPAS
Borche cru 45
Caldo de missô 44
Cebolas confitadas para a sopa de cebola 43
Gaspacho 50
Missoshiro 44
Sopa-creme de cogumelo 46
Sopa-creme de espinafre com pistache 40
Sopa-creme de tomate 41
Sopa de cabochã com coentro 48
Sopa de cebola 43
Sopa de cenoura com curry 42
Sopa de couve-manteiga 49
Sopa sueca 51
Sopa vietnamita 47

SALADAS
Conserva de figo e damasco com limão 60
Croûtons 65
Flor de tabule 57
Molho asiático 71
Molho César 65
Molho chipotle 81
Molho de mostarda e agave 63
Molho de umeboshi 60
Molho grego 66
Molho indiano cremoso 68
Pepinos à Anette 73
Queijo feta-coco 67
Rémoulade 73
Salada asteca 81
Salada Bloody César 74
Salada César 65
Salada colorida com laranja 77
Salada cremosa 63
Salada Crudessence 82
Salada de Natal 55
Salada frutada 60
Salada grega com feta 66
Salada lúmen 79
Salada Madras 68

Salada polinésia 71
Salada Waldorf 58

PATÊS
Homus do sol 86
Maionese 91
Patê mexicano 90
Patê fóton 91
Patê silvestre 92
Pesto de pistache com manjericão 93
Ricota de macadâmia 89
Tapenade 88
Terrina de noz-pecã com endro 87

FERMENTAÇÃO
Chucrute 103
Iogurte de castanha-de-caju 107
Kefir 99
Kimchi 104
Kombuchá 100
Queijo de castanha-de-caju 97

DESIDRATAÇÃO
Almôndegas sem carne 110
Biscoitos de beterraba 121
Biscoitos de tomate seco 122
Chapatis 119
Chips de couve 120
Falafel vivo 111
Granola de cranberries e gengibre 123
Granola de maçã e canela 123
Massa de pizza 115
Mix buda 125
Mix sufi 124
Nachos 113
Panquecas doces 116
Panquecas salgadas 117
Pão de cebola 114
Pão mediterrâneo de amêndoas 118
Tortilha 112

ENTRADAS
Bombas de tomate ao pesto 149
Bruschetta Olivetta 137
Cogumelos recheados 135
Endívias recheadas 147
Enroladinhos de abobrinha com ricota 138
Marinada para cogumelos 135
Molho balsâmico de framboesa 129
Molho de cânhamo 147
Molho tibetano 132
Niguiris de couve-flor 144
Pasta de curry 130
Patê vegê 133
Queijo enrolado 140
Queijo fatiado 140
Ravióli de beterraba 129
Rolo primavera com patê vegê 132
Seleta 137
Sushis com curry 130
Tacos de alface 150
Tagliatelle ao pesto 143
Torre de tomates e guacamole 153

PRATOS PRINCIPAIS
Bacon de berinjela 166
Canelone com cogumelo 172
Carne de lentilha 168
Cogumelos drenados 172

Cogumelos marinados 180
Cogumelos salteados 174
Creme fresco 177
Crumesão 161
Dona Quichette 159
Espaguete ao pesto 180
Espetinho teriyaki 185
Hambúrguer de almôndega 162
Ketchup 169
Lasanha pura vida 160
Legumes marinados 179
Massa para quiche 159
Massa para torta 175
Molho 177
Molho de alho com alcaparra 166
Molho de tomate 172
Molho de tomate seco 160
Molho pad thai 183
Molho teriyaki com laranja 185
Mostarda caseira 162
OM búrguer 162
Pad Thai 183
Panquecas botânicas 179
Panquecas florentinas 179
Pizza La Nuit 157
Pizza Le Jour 157
Portobello com ricota de espinafre 165
Quinoa cozida! 171
Salsa 177
Tacos supremos 177
Torre chinesa 168
Torta de espinafre 174
Triplo 166
Wrap incrível com chipotle 171

SOBREMESAS
Banana split 218
Biscoitos de macadâmia 189
Bolo de cenoura 203
Bolo desejo negro 204
Brioche com canela 220
Brownie 218
Calda de caramelo 220
Calda de framboesa 190
Chocolate negro 211
Coco macamaca 189
Creme inglês 221
Creme suave de banana 215
Falso cheesecake 200
Fudge de chocolate 212
Glacê de chocolate 218
Macaramelo 219
Macarons de chocolate 216
Massa crocante 199
Massa de coco e macadâmia 192
Massa de coco e noz-pecã 197
Massa de figo com especiarias 200
Massa desejo negro 204
Massa para pavê de tâmara 209
Musse de chocolate 190
Pavê de tâmara 209
Sorvete cremoso de baunilha 215
Tiramisù 206
Torta de chocolate e banana 192
Torta de coco e noz-pecã 197
Torta de frutas vermelhas 199
Torta de limão das Antilhas 195
Zouzou de goji, damasco e coco 216